媒体融合：顶层设计与平台构建

刘千桂　冯贝贝　贺小芬　著

图书在版编目（CIP）数据

媒体融合：顶层设计与平台构建／刘千桂，冯贝贝，贺小芬著．
-- 北京：企业管理出版社，2021.9
ISBN 978－7－5164－2451－3

Ⅰ．①媒… Ⅱ．①刘… ②冯… ③贺… Ⅲ．①传播媒介－研究 Ⅳ．①G206.2

中国版本图书馆 CIP 数据核字（2021）第 157262 号

书　　名：媒体融合：顶层设计与平台构建
作　　者：刘千桂　冯贝贝　贺小芬
责任编辑：郑　亮　田　天
书　　号：ISBN 978－7－5164－2451－3
出版发行：企业管理出版社
地　　址：北京市海淀区紫竹院南路 17 号　　邮编：100048
网　　址：http：//www. emph. cn
电　　话：编辑部（010）68701638 发行部（010）68701816
电子信箱：emph001@163. com
印　　刷：北京七彩京通数码快印有限公司
经　　销：新华书店
规　　格：710 毫米 ×1000 毫米　16 开本　11. 25 印张　146 千字
版　　次：2021 年 9 月第 1 版　2021 年 9 月第 1 次印刷
定　　价：68. 00 元

序

当今推动媒体融合发展、建设全媒体是我们面临的一项紧迫课题。主流媒体如何以技术创新为引领，以各种媒介资源和新生产要素为支撑，找准着力点、激发新动能，既灵活掌握战略主动，又创新发展策略深度，从根本上扭转舆论生态和媒体格局，建成党媒主导的网络话语体系，牢牢占领互联网主战场，是必须研究的现实课题。

把握新大势、直面新发展、洞悉新问题，互联网已经成为舆论斗争的主战场。在互联网这个战场上，能否顶得住、打得赢，直接关系我国意识形态安全和政权安全。要因势而谋、应势而动、顺势而为；要抓紧做好顶层设计，打造新型传播平台，建成新型主流媒体；要在新赛场建设之初就加入其中，甚至主导一些赛场建设。

因此，摆在主流媒体面前的紧迫任务和课题，不仅要“让互联网这个最大的变量变成事业发展最大的增量”，而且还要“成为新的竞赛规则的重要制定者、新的竞赛场地的重要主导者”，而贯彻始终的核心任务是做大做强主流思想舆论阵地，增强社会主义意识形态的凝聚力和影响力。

从2014年8月18日中央发布了《关于推动传统媒体和新兴媒体融合发展的指导意见》以来，理论研究和媒体实践都取得了一定的成绩。然而，摆在我们面前的几个基本事实是：商业平台日活用户过亿的客户端不少，主流媒体日活用户过百万的客户端不多；在机构运营的微信公众号中，媒体号数量不足1%；近三年，在中国互联网广告运营商市场收入份额中，主流媒体的份额不足1%；在互联网这个主战场，即便背靠巨额资金和先进技术的商业平台，也只能领先三五年，诸如网站、BBS、博客、微博、音视频、微信、头条、直播、短视频等各种“四全”类媒体也长江后浪推前浪。

这也就不难理解，2019 年密集发表的“加快推动媒体融合发展 构建全媒体传播格局”“媒体融合是一场不容回避的自我革命”等重要论述。媒体融合经过 5 年的加速发展，依然是“我们面临的一项紧迫课题”，需要“自我革命”性的发展举措。

对照中央要求和基本事实，当前的研究和实践，无论是围绕借船出海模式还是造船出海模式，都集中在“主流媒体在互联网企业构建的网络话语体系中提升自己的传播力、引导力、影响力和公信力”这个层面。媒体融合要形成“你就是我、我就是你”的发展格局，需要全新突破。

2019 年 1 月 25 日，中共中央政治局第十二次集体学习中指出，要通过流程优化、平台再造，实现各种媒介资源、生产要素有效整合，实现信息内容、技术应用、平台终端、管理手段共融互通。2017 年 1 月，国务院办公厅印发的《关于创新管理优化服务 培育壮大经济发展新动能 加快新旧动能接续转换的意见》指出，诸多新产业、新业态蕴含巨大发展潜力，呈现技术更迭快、业态多元化、产业融合化、组织网络化、发展个性化、要素成果分享化等新特征，以技术创新为引领，以新技术、新产业、新业态、新模式为核心，以知识、技术、信息、数据等新生产要素为支撑的经济发展新动能正在形成。党的十九届四中全会再次将“知识、技术、管理和数据”归为生产要素，纳入社会主义基本经济制度层面，一个以新生产要素为支撑的经济发展新秩序必将形成。

在5G、大数据、云计算、物联网、人工智能、区块链等技术不断发展的背景下，需要厘清推动媒体融合纵深发展的新生产要素，形成以媒介资源和新生产要素为支撑的新动能，从根本上扭转舆论生态和媒体格局，建成党媒主导的网络话语体系。同时，需要基于技术创新，着眼于互联网下半场发展的制高点，以新动能为驱动，打造基于新生产要素为内核的新型传播平台，建成新型主流媒体。

本书的学术价值体现在以下三个方面。

①为媒体融合研究探索新视角。当前，主流媒体面临的最大难题是商业平台主导着网络话语体系、舆论生态和媒体格局。所以，电视媒体的原创内容成就了优酷、土豆、抖音等，广播媒体的原创内容成就了蜻蜓、喜马拉雅等，纸质媒体的原创内容成就了今日头条、微信等。因此，需要抢占互联网发展的制高点，扭转格局，让主流媒体成为主导者和规则制定者。

②为媒体融合研究探讨新方位。互联网企业正在全力进军互联网新高地，其传播平台也着眼于此创新发展、构建新生态。因此，主流媒体需要着眼于互联网新的发展和新的制高点，构建全新的传播生态、产业生态和发展生态。

③为媒体融合研究提供新框架。新时代，新一轮科技革命和产业变革正在加速演进，它催生了互联网这个最大变量，而紧随其后的5G、大数据、云计算、物联网、人工智能正呈现出高度复杂性和不确定性，它带来的知识、技术、信息、数据等新生产要素将在媒体融合领域形成一个全新的体系，主流媒体需要在这些方面，抓住核心关键环节，夯实发展根基。

本书的应用价值体现在以下两个方面。

①互联网的发展正转向深度融合网上资源和网下资源，主流媒体用互联网思维让网上、网下资源平台化、数据化、网络化和体系化远比商业平台整合网下资源容易，这为构建党媒主导的全新话语体系奠定了坚实基础。同时，在互联网发展的制高点和战略高地，互联网企业没有发展优势，但主流媒体拥有落地资源，这为构建党媒主导的全新商业基础

设施奠定了坚实基础。

②主流媒体网上、网下传播资源互联互通、消费资源互联互通、商业资源互联互通和产业资源互联互通会形成全新的话语体系、全新的治理理念和全新的网络架构，这是一股强大的力量，让党的声音始终成为全网、全领域的最强音，同时用传播力撬动产业力、用产业力推动传播力，让主流媒体牢牢掌控传播的话语权和产业的控制力，为媒体融合的纵深发展找到新时空。

推进媒体融合纵深发展依然任重道远，要抓紧做好顶层设计，打造新型传播平台，建成新型主流媒体，扩大主流价值影响力版图，让党的声音传得更开、传得更广、传得更深入。围绕着这一点，本书分为四大专题进行了探讨，其中冯贝贝和贺小芬分别重点围绕“顶层设计”和“新型传播平台构建”做了研究。作者长期致力于媒体融合领域的研究和实践，为国家级媒体、省级媒体和县级媒体都规划设计过应用平台，取得了较为丰硕的成果。本书为抛砖引玉之作，请读者批评、指正。

本书系北京印刷学院项目“媒体融合的平台构建及发展模式研究”（项目编号：EC201812）和北京高等教育“本科教学改革创新项目”“社会主义核心价值观贯穿新闻传播学类专业教育教学全过程研究”（项目编号：202010015003）的研究成果。

刘千桂

2020 年 10 月

目　录

第1章　县级融媒体与基层治理体系

二十多年来，互联网企业携巨资以创新的发展思路、快速的响应速度和不断试错迭代的力度，灵活运用新技术和新规则重构了信息传播新格局，主导着网络话语体系，搭建了“数据、支付、物流”等新基础设施。

如何提升用网治网能力，让互联网这个最大的变量变成事业发展最大的增量，县级融媒体中心是战略抓手。全国宣传思想工作会议和中央全面深化改革委员会第五次会议将县级融媒体中心摆在宣传思想工作的重要位置，提升至推进国家治理体系和治理能力现代化的战略高度。基于此，必须做好以下两方面工作。

一方面，扎实建好县级融媒体中心，在现有互联网话语体系之上构建党媒主导的全新话语体系，重塑媒体格局和舆论生态，推进基层互联网治理体系和互联网治理能力现代化，打通基层宣传思想工作的“最后一公里”。另一方面，以县级融媒体中心建设为契机，搭建全国2800多个区县互联互通的基层治理体系智慧骨干网，即在互联网现有的“数据、支付、物流”等新基础设施之上构建全新发展体系，再造融“现代传播体系、现代化经济体系和基层治理体系”为一体的全新基础设施，为乡村振兴、县域经济高质量发展及基层治理体系和基层治理能力现代化提供新平台、新网络、新数据和新体系。

基于全新话语体系和全新基础设施，让互联网企业“围绕中心、服务大局”，让互联网“为我所用、听我调遣”，为党的长期执政和国家长治久安提供坚实保障。

1.1 县级融媒体中心是重塑党媒话语体系的战略基地

1.1.1 互联网不是法外之地

2018 年 11 月，国家网信办会同有关部门，依法处置了 9800 多个自媒体账号，同时依法约谈了一些自媒体平台，对其主体责任缺失，疏于管理，放任野蛮生长，造成种种乱象，提出严重警告。2018 年，公安部门关闭了各类网络大 V 账号 1100 余个，这些大 V 涉嫌从事敲诈勒索、强迫交易、诈骗、非法经营、寻衅滋事、侮辱诽谤、侵犯公民个人信息等违法犯罪活动。2018 年，执法部门多次约谈一些新媒体平台，他们违反了国家有关互联网法律法规和管理要求，传播着色情低俗信息，存在严重导向问题，对网上舆论生态造成恶劣影响。

在利益的驱使下，一些自媒体人屡屡违规，一些自媒体平台或新媒体平台也屡教不改，互联网“充斥着虚假、诈骗、攻击、谩骂、恐怖、色情、暴力”。互联网不是法外之地，既要营造风清气正的网络空间，又要未雨绸缪、防止极端事件的发生。

1.1.2 媒体融合需要新突破

数据显示，阿里巴巴和百度各占 1/4 以上的互联网广告市场份额，占据优势地位。传统媒体和新兴媒体融合发展的态势虽然形成，但是任务依然艰巨。一方面，传统媒体转变了观念，梳理了流程，拓宽了思路，融入了新媒体。例如，北京市倡导全面贯彻移动优先战略，按照新闻客户端第一、网站第二、传统形态第三的原则对内容生产进行全流程再造。另一方面，互联网已经深刻改变了媒体格局和舆论生态，互联网企业掌控着核心传播平台，自媒体又疯狂生长，传统媒体则处于被融合的尴尬境地，如传统媒体创作的优质内容成就了优酷、爱奇艺、蜻蜓、喜马拉雅、今日头条、微博、微信等音视频和图文平台，而最大的受益者则是其背后的百度、阿里巴巴和腾讯等生态型企业或资本大鳄。

互联网企业高举技术和资本的大旗，制定了新的游戏规则、再造了新的发展秩序，主导着媒体格局和舆论生态。例如，主流媒体的首发信息被关小黑屋延迟推送，公号新闻发布和热点新闻流量受到限制。互联网已经成为舆论斗争的主战场。在互联网这个战场上，能否顶得住、打得赢，直接关系我国意识形态安全和政权安全。为了打赢这场战争，需要主力军进入主战场，扩大主流舆论传播效应；需要主流媒体打造自主可控、传播力强的新型传播平台。例如，各省党媒全力打造的新闻客户端中的佼佼者澎湃新闻、长江云、金水河、津云等虽有一定的影响力，但离“顶得住、打得赢”还很远。媒体融合需要找到全新突破口。

1.1.3　县级融媒体中心是战略抓手

互联网发展日新月异，从 2G 时代到 4G 时代，从门户网站、社交媒体到视频、直播、短视频，互联网一直在创新中高速发展，实际上能存活下来的互联网企业，也只是凤毛麟角，而且随着 5G 时代的到来，随时可能被新业态所替代。于传统媒体而言，不能只局限在互联网企业构建的网络话语体系中提升自己的传播力、引导力、影响力和公信力。媒体融合是一场不容回避的自我革命，传统媒体需要另辟蹊径、找准全新战略基地、超前布局，构建党媒主导的全新话语体系，充分调动各类媒体紧紧围绕中心、服务大局。

当前，互联网的发展正从单纯的信息传播转向深度融合网上资源和网下资源。县级媒体（主要是县级广电）天然地拥有区域最优质的社区化、精准化和本地化资源，县级媒体用互联网思维将网上、网下的传播资源、商务资源和渠道资源平台化、数据化、网络化和体系化，远比互联网企业整合网下资源容易。这为县级融媒体中心建立区域超级信息中心、巩固壮大主流思想舆论、推进基层互联网治理体系和互联网治理能力现代化，并以此为基础开辟新天地奠定了坚实的基础。而国家将县级融媒体中心摆在重要位置，则让县级媒体拥有了天时、地利和人和。

更进一步，以县级融媒体中心为依托，市级媒体、省级媒体和国家级媒体可以直接与县级媒体实现扁平化联动，建立各级党媒联动、心系百姓的全新话语体系，全新话语体系与百姓融为一体，让百姓有获得感，让党的创新理论“飞入寻常百姓家”，牢牢扎根在百姓心中。

1.2 县级融媒体中心是再造全新基础设施的战略高地

1.2.1 互联网与国家安全

近 20 年，互联网企业对电力、金融、能源、通信等制订了新的游戏规则、构建了“数据、支付、物流”等新基础设施，再造了新的发展秩序。互联网是把双刃剑，当它成为“劣币驱逐良币”的温床及被外资所控制时，需要引起高度警惕。2015 年 11 月，美国《福布斯》杂志封面写道：阿里巴巴创始人马云，人们爱恨交织，却势不可挡。此前，2014 年 9 月 19 日，阿里巴巴在纽交所上市。作为中国著名的互联网公司，上市前，日本软银持股 34.4%，美国雅虎持股 22.6%，执行董事长马云持股 8.9%，执行副董事长蔡崇信持股 3.6%。

当前，百度、阿里巴巴、腾讯的大数据正向宽领域、多维度、深层次，以及精准化、动态化、智能化发展，互联互通构筑大数据生态圈。

中国互联网无论是由外资直接控股还是协议控制，都保证不了国家的信息安全，更不能保证所有数据和信息在贸易战和战争时的安全，直接威胁着我国的国家安全。当今世界，互联网发展对国家主权、安全、发展利益提出了新的挑战，必须认真应对。基于互联网的战略地位，俄罗斯和美国用法律限制外国人投资互联网产业，法国和德国则以政府名义向互联网“入侵者”宣战。中国互联网在经济运行领域、商业领域，与互联网的核心技术领域、网络空间治理领域一样，需要中国方案。

1.2.2　互联网的战略高地

社会生产总过程包括“生产、分配、交换、消费”4 个环节。互联网号称能颠覆一切，实际上它着力于“分配”和“交换”环节，并牢牢锁定这两个中间环节。在这两个环节，互联网企业一直在创新发展模式，引导消费升级，重构商业生态。而在“生产”和“消费”这两个核心领域，互联网企业一直在觊觎，却从未能掌控，也是当前互联网发展的薄弱环节。全国网络安全和信息化工作会议指出，要推动互联网、大数据、人工智能和实体经济深度融合，加快制造业、农业、服务业数字化、网络化、智能化。面对新机遇，互联网企业没有发展优势，百度CEO 指出，“互联网 +”时代没有内行，当线上线下融合在一起变成了全新的东西，这意味着“互联网 +”时代传统企业和互联网企业都需要转型。

2018 年 9 月 30 日，腾讯公司宣布调整组织架构，全力扎根消费互联、拥抱产业互联网；同年 11 月 26 日，阿里巴巴也宣布新一轮组织架构调整，以打造一个既触达消费者又服务企业的商业操作系统。种种发展表明，互联网企业正在新高地创新发展，而传统媒体却踏寻着互联网企业的原有脚步，在互联网企业构建的传播生态下提升自己的能力。为此，摆在主流媒体面前最严峻的现实不仅仅是只能在互联网主导的媒体格局中获得一席之地，而是互联网企业正在布局全新互联网、物联网，一旦布局完成，形成全媒体生态、科技生态和产业生态，以及诸多生态高度融合的发展体系，主流媒体将遭遇雪上加霜的发展困境。

“大时代需大格局，大格局需大智慧”，媒体融合更需要大格局，需要集中优势资源，牢牢控制互联网发展的新战略高地。

1.2.3 再造全新基础设施

一个不容忽视的事实是：新媒体的发展并不如想象中那般美好，其中的一些翘楚新媒体长期亏损，有的至今还没有实现盈利，但新媒体有其所在的体系或资本长期供血。所以，推进媒体融合发展，打造新型主流媒体，党媒所面临的除了缺少技术基因和互联网基因等常规要素外，还缺少生态体系的供给，其新型传播平台不仅需要在互联网话语体系中占领主流思想舆论阵地，而且还会经常性遭遇资金困局，以及面对互联网商业生态、商业体系的竞争。

媒体融合不能局限于新闻舆论层面的单一兵种作战，而应以传播为核心巩固现代传播体系、扩大生态圈、构建全新基础设施。现有的媒体融合实践绝大多数是基于互联网现有版图而设计，只能偏安一隅，让传统媒体更高效地为互联网企业服务、更好地为互联网企业“打工”。媒体融合的要旨是确保党和政府牢牢掌握意识形态的领导权、主导权和话语权。为此，必须瞄准互联网发展的新高地，再造全新基础设施，构建党媒主导的发展生态，为全面扭转媒体格局、主导舆论生态、构建党媒主导的话语体系奠定坚实的基础。

可喜的是，互联网发展的战略高地和落地资源实实在在地落在县级媒体身边。与实体经济深度融合，需要与实体经济融合的便利条件、与实体经济各个环节无缝亲密接触，解决实体经济面临的核心问题。县级媒体具备这样的优势，每个县级媒体就是一个网点，而每个网点则掌握着与实体经济亲密无间的传播渠道、用户渠道、物流渠道。但发展需要创新性举措，创新是一个系统工程，创新链、产业链、资金链、政策链相互交织和支撑，改革只在一个环节或几个环节搞是不够的，必须全面部署，并坚定不移推进。县级融媒体虽然没有雄厚的资金可以在试错中前行，但县级媒体天然具有与实体经济高度融合的发展优势，长期以来，县级媒体服务于地方（县域），与地方经济水乳交融，在新的高地可以迅速聚合优质的传播资源、产业资源、商业资源、渠道资源、社群资源和消费资源，并以这些落地资源为基础，再造融“现代传播体系、现代化经济体系和基层治理体系”为一体的全新基础设施，让县级融媒体中心牢牢占领区域市场，全面发挥主导作用。

1.3　建好县级融媒体中心，搭建基层治理体系骨干网

1.3.1　县级融媒体中心建设的现状

县级融媒体中心建设有不少典型的案例，他们在内容创作、两微（微博、微信）一端（新闻客户端）拓展、流程再造、人才引进和体制、机制保障等方面都有很好的经验，但仍局限于原有的“一亩三分地”，多数形成一个个信息孤岛。另外，省级层面相关部门偏重于关注自己的领域，缺乏全盘考虑的顶层设计及科学的统一规划和实效的举措，全省在全域全网全领域形成不了一盘棋。

此外，还存在“等、要、靠”的思想，寄希望于财政拨款或财政供养，但如何运营、以何为继，缺少思路和方法。一个较为普遍的看法是，因为县级融媒体中心要把社会效益放在首位，所以需要财政负担。首先，这一点需要重点说明，要把社会效益放在首位，自觉承担起“举旗帜、聚民心、育新人、兴文化、展形象”的使命任务，“坚持正确政

治方向、舆论导向、价值取向，坚守社会责任”。其次，还要认识到，解决县级媒体和县域经济的发展问题也是县级融媒体中心最大的社会效益。在主战场，主流媒体面对的是具有新型互联网思维、完全市场意识和持续创新能力的商业企业，面对的是日新月异的新理念和新技术，面对的是层出不穷的新业态和新模式。BBS、博客、微博、音视频、微信、今日头条、直播、短视频等各领风骚三五年，迅速迭代、快速换代是主战场的显著特征。因此，“等、靠、要”思想没有活力，要进行彻底自我改革，深度融入县域经济。“把社会效益放在首位”应成为县级融媒体中心开辟新天地的核心驱动力。

1.3.2 县级融媒体中心建设的新模式

建设县级融媒体中心，要着眼于打通基层宣传思想文化工作到达群众的“最后一公里”；着眼于更好地引导群众、服务群众；着眼于整合县级媒体资源、巩固壮大主流思想舆论；着眼于瞄准互联网发展的新高地、构建党媒主导的话语体系和全新基础设施；着眼于基层互联网治理体系和治理能力现代化，实现基层宣传思想文化工作创新、文明实践创新、宣传渠道创新、媒体管理创新、网络监测创新、互联网治理创新和县级媒体发展创新。

为此，建设县级融媒体中心，需要拓宽县级宣传平台的传播渠道，扩大县级宣传平台的影响力，抓住新闻舆论宣传的核心阵地，牢牢掌握宣传思想工作的领导权、主导权和话语权，建立遍布城乡的信息员网络、及时掌握社情民意，贯通网上和网下形成多时空联动的舆情监测大数据体系。具体而言，将媒体融合的产品模式“一体策划、一次采集、多种生成、多元传播”升华为“一个大脑、两个时空、三个维度、五个层面”的平台模式，统一领导、统一管理、统一监测和统一发声，即建好一个区域超级信息中心，贯通网上和网下两个时空，充分挖掘数据新动能、公共媒体和自媒体全渠道、信息员和人际新网络的传播能力，实现县域新闻资源的融合、强化公信力，公共媒体资源的融合、拓展引导力，主阵地自媒体的融合、增强传播力，信息员新网络的融合、扩大影响力，产业层新模式的融合、夯实发展力。从而实现内容融合、渠道融合、平台融合、经营融合和管理融合，其中内容创新是根本、渠道融合是关键、平台贯通是高地、经营拓展是基础、管理突破是保障。

（1）内容创新是根本。

打通县级公共媒体和自媒体的内容资源，以及联通遍布城乡的信息员，实时获取来自基层和一线的第一手材料，及时挖掘能够引起广泛共鸣的材料和优质内容，倡导主旋律、传播正能量。

（2）渠道融合是关键。

改变一个人的习惯很难，如何在不改变用户媒体使用习惯的情况下让党的声音遍布网上和网下各个角落？为此，需要建立以县级广电的传播渠道为基础，融合多平台、多屏幕、多终端的媒体形态，需要整合县级公共媒体资源、县域自媒体资源和网下口碑资源，着力推动县级媒体生态系统建设，建立统一管理、统一传播党和政府声音的县域现代传播体系。

（3）平台贯通是高地。

县级融媒体中心不能只局限于传统媒体的内部流程再造成为信息孤岛，不能局限于自身与新兴媒体融合的“一亩三分地”，需要对县域内的所有平台进行统一领导、统一管理和统一监测，需要扬长避短全面地与技术平台、商业平台合作。此外，县级平台与县级平台之间、县级平台与市级和省级平台之间也要互联互通，夯实点、形成线、织成面、组成体。

（4）经营拓展是基础。

媒体的强大实力和传播力、公信力和影响力互为支撑，平台模式为县级融媒体中心在广告、大数据、商业服务和产业服务等领域开展经营奠定了良好基础，用传播力撬动经营力、用经营力推动传播力，让县级媒体重新焕发新活力。

（5）管理突破是保障。

新时代，稍有懈怠就跟不上技术革命和产业变革的步伐，人、财、物都是县级融媒体中心的短板，“要深化机构、人事、财政、薪酬等方面改革”，需要突破传统的方式方法，跟上时代的步伐。平台模式将网上和网下最有力量的人团结成一支队伍、统一行动，与主力军融为一体、合而为一，形成“你就是我，我就是你”的格局。同时，采用灵活的运行机制和管理模式，让这些人能上能下，让这支队伍始终充满活力，让主力军牢牢掌控县域网上和网下的各个阵地，并以遍布全域和全网的这支队伍为不变量应对科技革命和产业变革这个最大变量。

1.3.3 县级融媒体与基层治理体系骨干网

互联网企业以信息革命为先导、以信息传播平台为基础构建了新的话语体系和新的基础设施。互联网企业的新媒体产品或信息传播平台与其媒体生态、商业生态和产业生态深度融为一体，同时搭建了“数据、支付、物流”等新基础设施，并有“你中有我，我中有你”的资本财团支持。主流媒体要想“顶得住、打得赢”就必须有自己的新媒体产品或平台，要能够掌控区域内的媒体业态，还必须融入更大的生态或体系之中。此外，县级媒体缺技术、缺人才、缺商业基因等，这些不容回避，互联网企业也缺少这些因素，但其以技术和资本为基础，整合了传统资源。例如，微信没有生产内容，却是最大传播平台；滴滴没有一辆车，却整合了出租车市场；淘宝不生产产品，却整合了整个零售业。互联网战略高地的落地资源就在县级媒体手中或身边，以落地资源为基础，用互联网思维统领新闻舆论和意识形态的前沿阵地，统一领导、统一管理，可以构建党媒主导的话语体系和全新的基础设施，从根本上赢得互联网、赢得口碑、赢得客户。

对于县级媒体来说，最好的可以依托的生态或体系就是基层治理体系，县级融媒体中心可以以落地资源为核心，瞄准互联网发展的新高地，构建基层治理体系骨干网，这是县级融媒体中心可持续发展的根基。本书中所提出的平台模式，可以同步构建县域宣传思想工作大数据平台、县域新兴媒体监测和领导平台、县域社会管理大数据服务平台及县域高质量产业发展调度平台，使得县级融媒体中心成为拥有区域现代传播体系、渠道体系、服务体系、商业体系、产业体系和区域大数据资源的最强媒体和大数据机构，即基于县级融媒体中心，同步建立了县级全新媒体体系、县级现代传播体系、县级舆情监测大数据、县级信息员网络和大数据网络体系，形成一县一全媒体体系、一县一新传播体系、一县一新监测体系、一县一信息员网络、一县一大数据平台。它以落地资源为基础，与互联网深度融合，延伸传媒产业链，融“现代传播体系、现代化经济体系和基层治理体系”为一体，让县级媒体焕发新活力，成为县域经济建设、政治建设、文化建设、社会建设和生态文明建设的骨干网络平台。

1.4　基层治理体系智慧骨干网：新竞赛场地的主导者

抓住新一轮科技革命和产业变革的重大机遇，就是要在新赛场建设之初就加入其中，甚至主导一些赛场建设，从而使我们成为新的竞赛规则的重要制定者、新的竞赛场地的重要主导者。面向世界科技前沿、面向经济主战场、面向国家重大需求，需要各领域科技创新，也需要媒体融合和基层治理体系的模式创新，尤其是面对互联网的新发展，传统媒体和新兴媒体处于同一起跑线，谁找准新赛场并主导建设，谁就会成为竞赛规则的重要制定者和竞赛场地的重要主导者。

互联网的战略高地是主流媒体弯道超车的最佳突破口。以县级融媒体中心建设为契机，搭建基层治理体系智慧骨干网，需要全国或各省一盘棋，以县级融媒体中心为战略基地，以省级媒体为主体，以中央媒体为支撑，建立党媒主导的传播平台，同时深度融入基层治理体系，将基层治理体系平台化、数据化和网络化，以国有企业和民营企业为主体，梳理优质商业资源和产业资源，发展中国产业互联网群。构建以党媒主导的传播平台为内核，基础治理体系和产业发展体系为战略支撑的全新网络架构，形成“现代传播、经济体系和基层治理”深度融合的发展生态，协同创新、资源共享、融汇融合、互惠互利。

1.4.1 全新话语体系

县域现代传播体系是国家现代传播体系的重要组成部分，县域所有的媒体资源都在一个平台统一领导下统一发声，切实打通基层宣传思想文化工作到达群众的“最后一公里”，在不改变用户媒体使用习惯的基础上让党的创新理论潜移默化飞入寻常百姓家，同时实时精准地传播党和政府的声音、传承社会文化、监督社会环境、引导社会舆论、提供观众喜闻乐见的区域性文化产品，服务地方党委、政府中心工作，满足本地受众信息需求。

县级融媒体中心的改革将促进国家媒体体系的全盘激活。全国一个中央控制总系统、各省一个分系统、2800 多个县各有一个子系统，全国 2800 多个县级融媒体中心互联互通，每个子系统下面数百个网点，省、县媒体资源和网点资源平台化、数据化、网络化和体系化，实现一个声音、全线突破、全面发声、全网监测，让宣传触角遍布城乡各个角落、让主旋律正能量一键精深传播、让自媒体主动围绕中心服务大局，重塑党媒主导的媒体格局和舆论生态。同时，中央和省级媒体与县级媒体扁平化打通，直接拥有落地资源，从全国层面和省域层面也能更好地引导群众，服务群众。

1.4.2　全新治理理念

党的十九大报告指出，要打造共建共治共享的社会治理格局。新时代，推进基层治理体系和治理能力现代化需要平台的支撑、数据的支撑、网络的支撑和体系的支撑。基于县级融媒体构建的骨干网是强化网格化社会管理和源头治理创新的重要支撑平台。以营造风清气正的网络空间为例，营造清朗的网络空间，网上是主战场、网下是策源地，县级融媒体中心同时贯通网上和网下，网上的舆情监测和网下的社情民意形成多时空联动的舆情监测大数据体系，基于此，一方面以区县为单位进行新闻舆论正确引导、意识形态分析研判、社情民意动态预测、社会思潮预警防控；另一方面，将县域各类新媒体进行属地化监测、属地化管理、责任到位，让各区各县新媒体紧紧围绕中心、服务大局，让“绿水青山”同时遍布网上和网下。

中央全面深化改革委员会第五次会议指出，推动社会治理重心向基层下移、把基层党组织建设成为领导基层治理的坚强战斗堡垒，是党的十九大提出的重要任务。基于基层治理体系智慧骨干网，网聚全国400多万个基层党组织和8000多万名党员的力量，形成长效机制，深入基层一线解决问题，并将这种力量融入基层治理和县域经济建设、政治建设、文化建设、社会建设、生态文明建设的各个层面，发挥其巨大效力。

1.4.3　全新网络架构

再造融“现代传播体系、现代化经济体系和基层治理体系”为一体的全新基础设施，亦是以市场为导向，牢牢掌握中国互联网发展的主导权，塑造以国有资本、民族资本等力量为主的商业文明新生态和网络新秩序。其中，县域是根基，产业是支撑，数据是灵魂，而核心是建立区域大数据和国家大数据中心。核心平台以县级融媒体为切入点，以满足城乡居民的消费需求为基础，循序渐进建立数据人、数据家庭和数据城市，既精准服务于民、服务于各行各业，又自如应对新技术和新发展。

同时，以县域为核心，以数个产业为支柱，构建“一核数业，互联互通”的网络架构，直接关联“生产”和“消费”，逐步弱化甚至砍掉中间环节，建成原产地商品直接入户的信息高速公路和物流高速公路。这是一条双向的高速公路，即精准服务于农，也精准服务于城乡居民和各个产业。以此为基础，诸多优质产业都可以在“全新基础设施”上高速低成本运行，逐步形成新的产业互联网群和新的商业格局、经济格局。其中，产业互联网群则立足于助力传统行业全面融入互联网，并让相关产业在各自的领域牢牢掌握发展的主导权、话语权和定价权。同时，一核数业，联动发展，深化信用体系，充分发挥互联网航母战斗群的威力，助力建立以消费数据和产业数据互联互通为基础的区域大数据和国家大数据中心。

1.4.4 全新经济秩序

中国特色社会主义进入新时代，我国社会主要矛盾已经转化为人民日益增长的美好生活需要和不平衡不充分的发展之间的矛盾，我国经济已由高速增长阶段转向高质量发展阶段。高质量发展阶段，必须攻克互联网平台劣币驱逐良币的问题，但现实是，一个平台的问题还没有解决，又多了一个有同样问题的平台。新时代，需要建立与市场经济相适应的大数据网络体系和全新基础设施，以助力建设现代化经济体系，推动供给侧结构性改革和实体经济发展，建立全新经济新秩序。

尤其在县域，农业是全面建成小康社会、实现现代化的基础。国家对农业的顶层设计是“着力构建现代农业产业体系、生产体系、经营体系，提高农业质量效益和竞争力”，这需要融“现代传播体系、现代化经济体系和基层治理体系”为一体的全新基础设施的支撑，为农业的供给侧结构性改革和实体经济破茧成蝶提供新思路、新方位和新路径。

1.5　总结

面对互联网企业主导的网络话语体系，面对新一轮科技革命和产业革命的重大机遇，面对错综复杂的国际环境和艰巨繁重的国内改革发展稳定任务，亟须构建全新的话语体系和全新的基础设施，让主力军主导主阵地和主战场，团结一切具有战略高度、策略深度、创新意识、开阔视野和具有互联网基因的国内机构、资本和优秀人才围绕中心、服务大局。

以县级融媒体中心建设为契机，搭建基层治理体系智慧骨干网，构建党媒主导的全新话语体系和全新基础设施，是“建设具有强大凝聚力和引领力的社会主义意识形态”的核心抓手，是促进媒体融合发展、促进产业高质量发展、促进民营企业发展、助力精准扶贫和奠定中国制造根基等的有力支撑，是“促进形成强大国内市场，提升国民经济整体性水平”的坚强保障。

第2章　媒体融合顶层设计与路径规划

互联网技术打破了不同媒体、不同产业的界限，媒体融合已成为不可逆转的趋势。我国网民数量日益增长，截至2019年6月，我国网民数量达到8.54亿，手机网民规模达到8.47亿。网络技术的发展使传统媒体的用户向网上转移，并且从媒体的接受者演变成参与者、传播者。互联网科技带来的不仅是用户习惯的改变，更是传媒行业结构的巨大变化，以往占据优势地位的传统媒体的作用在网络媒体的崛起中弱化。自2019年11月16日，中国人民大学国家发展与战略研究院发布了《5G时代中国网民新闻阅读习惯的量化研究》报告。报告显示，受访者每天获取日常新闻的渠道，75.25%源自微信群，39.02%源自抖音，26.61%源自今日头条，20.03%源自微博，电视、纸媒和其他只分别占到6.56%、0.68%和4.24%。无论是用户数量还是市场份额占比，传统媒体在当下面临着巨大的挑战。

从2014年开始，国家层面无论是从政策还是领导人讲话方面多次对媒体融合这一时代课题给予高度重视。2019年1月25日，中共中央政治局就全媒体时代和媒体融合发展举行了第十二次集体学习，强调要抓紧做好顶层设计，打造新型传播平台，建成新型主流媒体，扩大主流价值影响力版图，让党的声音传得更开、传得更广、传得更深入。做好顶层设计对于推动媒体融合发展显得极为紧迫。

媒体融合发展是一个不可回避的趋势，它考验着我国传媒产业如何在更激烈的市场环境中保持竞争优势，如何处理好传统媒体与新兴媒体、中央媒体与地方媒体、主流媒体与商业平台的关系，也考验着国家掌握主流舆论的能力。随着大数据、云计算、5G 等技术的兴起，不仅对传媒行业带来巨大变革，也将深刻影响舆论格局，影响国家的网络空间治理及社会治理，在新一轮传播格局变革中，媒体做好顶层设计至关重要。

2.1　媒体融合及顶层设计研究综述

互联网在中国发展 20 多年，网络媒体从当初的边缘媒体发展到抢占传统媒体主流地位的媒体，随时随地在线交流成为人们的生活常态，网络技术的发展使传统媒体的“受众”向网上迁移，成为网络媒体的“用户”，网络媒体逐步成为使用率最高的媒体形态，社交媒体和新闻客户端成为人们获取新闻的主要渠道。网络媒体传播的时效性、交互性、开放性打破了传统媒体的话语权地位，同时网络的匿名性、草根性也为虚假、低俗等信息提供了发展空间。传统媒体在受众流失、渠道失灵的情况下应该如何发挥舆论引导作用，占领舆论主战场？传统媒体二次售卖的商业模式已不能维系其持久发展，市场的缩小、广告收入的下降严重影响传统媒体的生存，探寻多元化的盈利模式是传统媒体融合发展的又一难题。

学者们对媒体融合的研究主要集中在媒体融合的动因、现状及融合策略，对于媒体融合顶层设计多集中在两个方面：一是对媒体融合政策的解读，二是用个案分析的方法研究某一传媒机构的融合方案，侧重实践层面。媒体融合是一个系统性工程，做好顶层设计至关重要，但如何做好顶层设计困扰着传媒业。

2.1.1 关于媒体融合的研究状况

（1）国外研究状况。

“融合”（Convergence）一词进入传播学领域始于20世纪70年代，麻省理工学院的尼古拉·尼葛洛庞帝（Nicolas Negroponte）在1978年用一个图例演示了分别代表着计算机工业、出版印刷工业和广播电影工业这三个相互交叉的圆环趋于重叠的聚合过程，提出不同工业即将和正在趋于融合这一远见。1983年，传播学者伊契尔·索勒·普尔（Ithiel De Sola Pool）在《自由的科技》（the Technologies of Freedom）中提出“传播形态聚合”（the Convergence of Modes），他认为“数码电子科技的发展”是导致历来泾渭分明的传播形态聚合的原因①。普尔使Convergence在传播、科学相关领域得到推广。

从研究内容上看，国外对于媒体融合的研究涉及范围十分广泛，有的从传播学角度展开，比如Vincent Manzerolle（2013）将大众传播、网络传播、人际传播结合起来进行研究，他认为传播是媒介融合的精确体现，是媒介与物质、形式与功能、材料与抽象的融合。有的从新闻采编人才培养角度展开，比如Lorena Tárcia等（2011）研究媒体融合对新闻学教学带来的挑战，从新闻工作人才培养角度探索新途径。有的运用经济学理论进行研究，比如Murschetz（2015）用产业组织理论的“结构—行为—绩效（SCP）”模型研究电视广播行业向互联网电视转变中遇到的问题。有的从政治的角度考虑，比如Babak Rahimi（2016）采用个案研究法，批判性分析了社交网站Vahid Online在媒体融合过程中对政治的影响。有的从媒介组织机构的角度展开，比如García - Avilés等（2014）采用对比研究法，在建立新闻编辑室模式和用于分析、比较的

① 宋昭勋．新闻传播学中Convergence一词溯源及内涵［J］．现代传播（中国传媒大学学报），2006（1）．

收敛矩阵的基础上，研究西班牙、德国、奥地利新闻编辑室的融合实践过程，以丰富、细化原有模式；Manuel Menke 等（2016）以跨国视角，采用定量和定性相结合的方法，对比分析了德国、荷兰、瑞士等 6 个国家的新闻编辑室融合文化现状，并研究它们在应用策略方法上的差异。总之，国外媒体融合研究涉及媒介的方方面面，从外部环境到内部采编、组织结构、经营等都有所研究，因而对于媒体融合的概念没有达成统一的认识。

从研究方法上看，近年来国外学者对于媒体融合的研究多从案例出发，采用个案分析法及对比分析法对媒体融合实践进行研究，在此基础上推动相关理论建设。而且，通过查阅文献可以发现，国外对于媒体融合的研究不仅有英国、美国，比利时、意大利、西班牙等国家的学者也在研究媒体融合。

国外学者对媒体融合的研究角度较多，值得国内学者借鉴。此外，国外学者对融合案例的分析有助于我国对照国内融合实践，从中学习融合经验，同时也要考虑本国实际情况。

(2) 国内研究状况。

相比于国外，国内对媒体融合的研究起步较晚，蔡雯（2005）在《新闻传播的变化融合了什么——从美国新闻传播的变化谈起》中从“融合媒介”和“融合新闻”两个新概念介绍了对美国新闻传播领域发生的变革，这是最早将“媒介融合”概念引入国内的文章。通过查阅文献发现，2014 年之前，对于媒体融合的研究，学界多使用“媒介融合”一词，研究重点是对这一概念的介绍及理论论述。对于从西方引入的媒体融合，学者们有不同的理解，陈绚（2006）将媒体融合（Media Convergence）译为“融媒”，即“数字技术下的融合性媒介”，也称为“新媒体”。可见她把媒体融合视为媒介，而大多数学者把媒体融合视为一个演化过程。例如，蔡雯、王学文（2005）对国内外“媒介融合”相关研究的关联性及差异性进行解析，从传媒产业范围内微观、中观、宏观三个层面及超越传媒业的“大传媒业”角度可归纳为四类，在此基础上，他们把“媒介融合”概括为“在数字技术、网络技术和电子通信技术为核心的科学技术的推动下，组成大传媒业的各产业组织在经济利益和社会需求的驱动下通过合并、并购和整合等手段，实现不同媒介形态的内容融合、传播渠道融合和媒介终端融合的过程”。刘颖悟、汪丽（2012）认为，媒介融合是缘于数字化、网络化技术的推动而导致的不同媒介之间的边界模糊甚至消失的现象和过程。多数学者把“媒介融合”和“媒体融合”通用，综合上述观点，可得出媒体融合是由科学技术驱动传媒行业打破产业边界，实现不同媒介形态的多方面融合的过程。

2014 年 8 月 18 日，中央全面深化改革领导小组第四次会议审议通过《关于推动传统媒体和新兴媒体融合发展的指导意见》，使媒体融合上升到国家战略层面，“媒体融合”成为学界的研究热点，学者们越来越多地使用“媒体融合”一词，并且有学者对“媒体融合”和“媒介融合”进行详细辨析，王喜涛、李永华（2017）在梳理媒介融合到媒体融合的认知过程的基础上，认为媒体融合的外延不如媒介融合的外延宽泛，同时指出媒体融合侧重组织机构融合，而媒介融合更侧重渠道、载体或介质融合。在此之前，学界对于媒体融合的态度主要有两种：一是多数研究者认为“媒体融合是发展趋势”，二是部分研究者持质疑态度。陈国权、张立伟是这方面的代表，陈国权（2010）持“传媒分化”的观点，认为融合不应是主流，传媒融合需要融合的媒体在其他方面做出妥协就弱化了各自的独特性和优势；张立伟（2010）论述作为媒介“内容生产”制度核心的组织结构无法融合，所以也不能对其他方面的融合抱有过高期望，他用“带橡皮的铅笔”的比喻指出融合媒介不会成为主流。这两位学者的观点具有一定的道理，但本书认为，媒体融合过程中遇到问题是无法避免的，目前媒体融合已上升到国家战略层，需要从更宏观的视角看待媒体融合，而不能因为融合过程中存在的问题质疑“融合”。此外，无论是融合还是分化都不是最终目的，要清楚认识融合背后的目的。

学界对媒体融合的研究呈现两个特征：一是从理论层面向实践层面转变，前期理论研究居多，比如我国学者早期主要是对西方“媒体融合”概念的引入与探讨，从表象探讨到深入研究，随着媒体融合的实践不断丰富，以及 2014 年媒体融合上升到国家战略层面，研究层面逐渐向实践层面转移，这一方面是由于理论层面的研究积累到一定程度，转向实践层面是必然趋势；另一方面关于媒体融合实践中遇到一些问题，需要学界、业界给予解答。二是研究视角从技术方面向技术、社会、产业、文化等多方面扩展，互联网技术的发展推动媒体融合的到来，因为媒介融合刚兴起时，研究者多从技术的视角研究，随着实践的发展和认知的深入，研究者不再局限在技术方面的研究，将视野转向产业、文化、社会等多个方向。

在查阅学术文献时发现，国内媒体融合的理论研究集中在以下 5 个方面。

①基于案例的微观层面对实践进行经验总结和展望，这类文章聚焦媒体融合的具体案例，比如缪琦的《解析传统媒体与社会媒体的融合趋势——以 <新周刊> 新浪微博为例》，李申建的《城市广电媒体如何在融媒体时代转型升级——以成都市广播电视台为例》，王庆忠、许劲峰、王晓伟、张学荣的《全媒体新闻采编　全链条产业经营——浙江长兴传媒集团的媒体融合发展》等。这些文章通过深入分析案例，得出结论对媒体融合实践起到积极作用。

②基于行业发展的中观层面分析媒体融合对传媒行业带来机遇和挑战，比如张志安的《报业融合发展趋势及挑战》，蔡文戈的《新媒体时

代下传统广播与新媒体融合发展探究》，高洪波的《电视媒体与新兴媒体融合发展的学理思考》等，这些文章对传统媒体在新的产业环境下如何更好生存和发展提供了很大参考价值。

③基于国家发展的宏观层面对媒体融合进行中国特色的解读，国家高度重视媒体融合引起学界对媒体融合意义的重新思考，比如刘珊、黄升民的《解读中国式媒体融合》对我国媒体融合的特点和路径进行探讨，林如鹏、汤景泰（2016）的《政治逻辑、技术逻辑与市场逻辑：论习近平的媒体融合发展思想》从政治逻辑、技术逻辑和市场逻辑论述媒体融合的时代意义并提出路径指导。这些文章对我国媒体融合具有极大的指导意义，因为是将媒体融合于本国范围内，研究的结论则更具有现实指导价值。

④基于新旧媒体之间的关系研究媒体融合的现状及未来趋势，比如胡正荣的《传统媒体与新兴媒体融合的关键与路径》，柳邦坤的《传统媒体与新兴媒体融合发展问题探析》，严三九的《中国传统媒体与新兴媒体融合发展的现状、问题与创新路径》等，这类文章从传统媒体与新兴媒体融合的现状入手，从中发现问题并且多数文章提出融合路径。

⑤从学理层面对技术、渠道、形态等多方面研究媒体间融合，比如齐峰的《媒体融合认识误区与路径选择》，谭天的《从渠道争夺到终端制胜，从受众场景到用户场景——传统媒体融合转型的关键》，殷俊、柳青的《论大数据模式对媒体融合的推进作用》等，从中可以看出技术迭代对融合的推进，这类文章对于从不同角度研究媒体融合提供了借鉴。

从国内外媒体融合研究状况可知，学者们在多个角度对媒体融合进行较为深入的研究，并取得一定的理论成果，为推动媒体融合深入发展奠定了基础，科技变革带动融合进程中出现新问题、新机遇，对媒体融合的研究还有很长的路要走，媒体融合的研究成果对于媒体融合顶层设计的研究奠定了理论基础，对本书的研究具有重要理论价值。

2.1.2　关于顶层设计的研究状况

顶层设计的概念来自系统工程学领域的自顶向下设计（Top – down Design)，20世纪70年代由IBM的研究员尼克劳斯·沃斯提出①。在Sciencedirect外文数据库②上检索标题、摘要或关键词含有“Top – down Design”的文章发现，从2000—2019年共有1169篇文章，涉及的学科领域主要是计算机科学、建筑学、材料科学等，人文社科领域方面的研究少之又少。在中国知网数据库上以“顶层设计”为主题词进行检索、查阅相关文献后发现，国内对于顶层设计的研究在2010年以后增长迅速，这与国家高层重视顶层设计密切相关，2010年中共中央十七届五中全会通过的《中共中央关于制定国民经济和社会发展第十二个五年规划的建议》中提出要更加重视改革顶层设计和总体规划。顶层设计一词出现在国家政策中，引起经济学、公共管理学等领域学者的高度重视。2010年之前顶层设计相关研究较为分散，涉及工业技术、教育、政治、文化科学等方面，其中对教育和电子政务的研究相对集中。2010年之后学界对于顶层设计的研究涉及范围更广，包含经济、企业管理、法律制度等。

从内容上看，学界对顶层设计的研究集中在以下三个方面。

一是从学理层面对顶层设计的内涵进行研究，多是研究“改革的顶层设计”，如罗重谱、王佳宁、莫远明（2011）的《顶层设计的宏观情境及其若干可能性》对当时学界的观点进行了全面综述，总结为系统工程学的顶层设计、主体结构和主要模式说、制度总体设计说、科学决策

---

① 于施洋，王璟璇，杨道玲，张勇进．电子政务顶层设计：基本概念阐释［J］．电子政务，2011（8）．

② 荷兰Elsevier公司推出的数据库，内容涉及数学、物理、化学、商业及经济管理、社会科学等24个学科门类，其提供的期刊是世界公认的高品位学术期刊。

与战略管理说及“顶层设计是什么，不是什么”的另类解读，并且提出改革顶层设计的路径。王建民、狄增如（2013）认为，制度变迁中的“顶层设计”是指在高层领导下，以基层建议和专业论证为基础，就目标模式、体制机制、重点领域、重大工程和关键项目等做出战略性、系统性和实践性总体安排与部署，并强调“顶层”具有相对性，将涉及的客体分为5个维度，提出顶层设计中可将“战略—系统方法”和“综合集成方法”两种方法结合使用。这类文章丰富了“顶层设计”在社会科学领域上的相关理论，并且部分文章为落实好顶层设计提供了方法。

二是研究顶层设计在具体领域的应用及辨析，涉及多个行业领域。电子政务方面，于施洋等（2011）阐述了电子政务顶层设计与规划、总体框架及总体架构之间的关系，通过对比区分深化对电子政务顶层设计的认识。智慧城市建设方面，陆小敏等（2014）在阐释智慧城市的基础上，从城市主体的需要出发设计出六大体系构成的智慧城市顶层设计总体框架，在此基础上提出建设路径及具体对策，这对于指导城市建设实践具有积极作用。在图书情报学方面，张兴旺、李晨晖（2015）提出了“互联网+图书馆”顶层设计纲领，同时指出“怎样将顶层设计贯彻落实到具体的实践与推广工作是‘互联网+图书馆’顶层设计的关键问题之一”。在教育领域方面，关于顶层设计的研究比较多，其中苌光锤、刘剑虹（2019）对将“顶层设计”一词用于教育领域改革提出质疑，认为不是所有的改革规划都能成为顶层设计，“战略规划”比“顶层设计”更符合教育领域的改革诉求，从一个新的角度呼吁学术用词需要谨慎。这类文章涉及范围相对较广，从实际需求方面提出顶层设计的方案及执行路线，具有较大的实践指导意义。

三是基于现状、问题论述顶层设计的重要性，比如纪大海的《学校发展需要“顶层设计”》，斯人的《吴敬琏：改革需要顶层设计》等，这类文章很少给出顶层设计方案，不过关于现状、问题的阐述对于顶层设计有一定参考作用。

综观顶层设计研究现状可看出，顶层设计涉及的领域虽然比较广，但是学者们针对具体领域提出的顶层设计方案还很有限，并且由于不同领域涉及的内外部环境及问题不同，即顶层设计自身的复杂性，不同领域的顶层设计方案借鉴意义不大，但是可以借鉴设计方法。

2.1.3　媒体融合顶层设计相关研究状况

在中国知网数据库上以主题词“媒体融合”并含“顶层设计”检索文献发现不足百篇，但不能以此判断媒体融合顶层设计的相关研究较少，可以先从学界对于媒体融合顶层设计的理解入手，有学者把“中央厨房”视为“顶层设计”，比如曾培伦、朱春阳（2018）认为，以“顶层设计”的面目出现的“中央厨房”是 2017 年以来反映我国融合进程的标志性工程。有些学者把国家出台的媒体融合相关政策及相关部门领导的讲话视为“顶层设计”，比如管洪（2018）指出，《关于推动传统媒体和新兴媒体融合发展的指导意见》，这是我国关于媒体融合发展所作的顶层设计，高红波（2017）认为刘奇葆《推动媒体深度融合，打造新型主流媒体》的讲话是我国新型主流媒体的“顶层设计”。

对于媒体融合的顶层设计，学界并未达成一致看法。王建民、狄增如（2013）认为顶层设计的客体具有层次性，由此将顶层设计的主体分为 5 个层次。本书认同顶层设计的层次性，在查阅梳理媒体融合顶层设计相关文献的基础上，发现国内学者对于媒体融合顶层设计的研究主要体现在以下 4 个方面。

一是强调顶层设计在媒体融合发展中的重要性，比如王冬梅的《媒体融合发展要加强顶层设计》，张延平的《媒体深度融合要有“顶层设计”》等，这些文章虽然强调顶层设计对于媒体融合的重要性，但是并没有阐释何为媒体融合顶层设计，更多的是从实现路径上给出策略而非顶层设计方案。

二是把国家领导集体视为顶层设计的主体，对媒体融合政策展开研究。例如，陈昌凤、杨依军（2015）认为，中国媒体融合政策的形成，是一个经过了政策议程创建、试点实践探索、施政纲领纳入、主管部门部署、调研意见综合、舆论动员引导以至核心文件出台的过程。梳理、研究我国媒体融合政策有助于从宏观视角把握媒体融合的方向。

三是把国家领导集体主导下的部门和行业管理者视为顶层设计的主体，对媒体融合体制机制进行研究。例如，任陇婵（2015）从理论指导、组织架构、发展政策、市场机制4个维度对广电治理制度进行顶层设计创新。严三九（2016）采用问卷调查和深度访谈的方法，对传媒体制改革现状、问题及困境进行分析，并提出创新性改革路径。体制机制改革影响着媒体融合的进展，关于传媒体制机制的研究对推动媒体融合有效落地具有指导价值。

四是把媒体融合的承担者和管理者视为顶层设计的主体，对传媒机构的战略进行研究。夏陈安（2011）将顶层设计具象到卫视频道，指出顶层设计是通过整体战略布局特别是来自管理层对频道运行的宏观设计，连接台办理念与操作实践，使卫视频道保持文化辐射力和长效竞争力。郝建国（2014）以上海报业集团的组建实践为例，从政治、市场和技术三重逻辑对其进行分析，指出未来影响我国媒体融合的首要因素还是政治逻辑，在体制上要协调政治逻辑与市场逻辑的关系，并且注意技术逻辑和政治逻辑的良性互动。鲍洪俊（2016）结合浙报集团的实践，对其实施的“三圈环流、三端融通、三点发力”的“三三战略”进行阐述。这类文章多是基于融合实践针对具体传媒机构的顶层设计进行阐述，对于其他传媒机构融合发展提供借鉴，但由于各地各机构发展情况不一致，还需要选择性借鉴。

国外学者分析媒体产业、媒体的发展变化也是为国家层面服务，为国家制定合理政策提出建议。Cooke P（2011）通过对媒体集群融合趋势进行调查，在对英国媒体产业结构进行讨论后，推导出与政策相关的建议。Iarla Flynn（2012）基于媒体和通信部门的总体政策目标，对现有媒体政策提出建议。融合导致的内容多样化，内容监管者面临着更大挑战，这引起了研究者的重视，Finkelstein Review（2013）建议建立一个由政府出资的法定监管机构——新闻媒体委员会（News Media Council），允许监管各方参与标准的制定和执行。Shantanu Dey S（2016）提出基于“分层网络监管模型”的细致入微的监管方法，并提出一种“肯定公有制”的替代政策，以代表公共价值来表达“声音”和“代理”。国外媒体融合顶层设计的研究多是服务于国家政策，由于各国的国情不同且具有复杂性，国内学者从国家层面研究顶层设计时立足于国情，所以国外学者这方面的研究参考作用有限。

从国内媒体融合顶层设计的相关研究可以看出，由于“顶层设计”一词进入新闻传播领域时间较短，相较于社会科学其他领域的研究，理论基础薄弱，并且对于媒体融合顶层设计的认识较模糊，“顶层设计”由国家政治层面进入新闻传播领域后，学界还未给出明确的概念界定，此外对于媒体融合顶层设计的设计方法、思路、构成要素等方面进行研究的文章少之又少。但是顶层设计对于媒体融合具有战略指导意义，推动媒体融合向纵深发展要抓紧做好顶层设计，媒体融合的顶层设计研究可以对未来相关研究提供一个新视角，并且对媒体融合实践路径有现实指导作用，这也是本书研究的主要内容及研究意义所在。

2.1.4　相关概念界定

媒体融合（Media Convergence）从西方引入国内以来，尚未形成一个公认的准确定义。由于蔡雯在引入时使用的是“媒介融合”并引起很大影响，所以“媒介融合”在学界被广泛使用。而2014年国家层面提出“媒体融合”的专业词语后，学界、业界更多情况下使用“媒体融合”而非“媒介融合”。目前多数学者把媒体融合表述为“传统媒体与新兴媒体的融合”。结合我国实际情况，本书认为媒体融合是由科技、政策、文化等多种因素共同驱动传媒行业突破产业边界，实现不同媒介形态、内容、渠道等多方面融合的过程。

顶层设计的概念源于系统工程学，竹立家对其界定比较具体，顶层设计是指理念与实践之间的“蓝图”，总的特点是具有“整体的明确性”和“具体的可操作性”。纵观多数学者的看法，本书认为顶层设计是在明确的原则理念指导下，从宏观战略角度出发并考虑实践层面的具体可操作性进行的一种自上而下的层层设计。顶层设计具有可操作性的特点，这决定了它必须立足于实际情况，所以顶层设计的主体不是一成不变的，也就是说“顶层”具有相对性。

媒体融合发展不仅是传媒领域的变革，对于巩固国家舆论阵地，增强我国综合国力更是具有深刻意义。可见，媒体融合涉及多方主体利益关系，是一个系统工程，需要顶层设计整体推进。基于顶层设计的设计主体具有相对性，本书认为媒体融合顶层设计是一个地区、行业或者机构在国家媒体融合理念指导下对总体框架的详细设计及内部各要素有效运行的各种体系的设定，以保证整个媒体融合系统功能相互协调、资源共享。从具有含义上讲，一是从全局、顶层视角看待媒体融合发展中遇到的问题。二是系统内各要素要全面，媒体融合顶层设计不仅要考虑传媒领域传统媒体与新兴媒体的关系，还要考虑传媒产业与其他产业的关系；不仅要考虑设计对象自身的构成要素，还要考虑外部环境可能带来的影响因素。三是顶层设计要确保各要素协调运行，使它们之间形成良性互动，这关系到顶层设计的可操作性。

媒体融合顶层设计具有以下4个特征。

（1）具有战略全局性和整体性。“顶层”强调分析问题的高度，媒体融合顶层设计要站在全局的高度对媒体融合进行整体布局。

（2）具有可操作性。可操作性是其发挥作用的关键，顶层设计处于理念与实践之间，是落实媒体融合理念和指导具体实践的关键。

（3）顶层具有相对性。“顶层”是指层级上的相对顶层，顶层设计面对的客体不同，其设计主体也不同，不存在绝对的“顶层”。所以媒体融合顶层设计不仅包括国家层面，还包括省、市、县和行业就其面对的客体进行的顶层设计。

（4）具有发展性。虽然顶层设计作为系统学的一种方法论，具有长期稳定性，但不代表其可以一成不变。顶层设计服务于媒体融合战略目标，因此要根据战略目标及外部环境的变化保持动态发展，不断完善媒体融合系统。

2.2　媒体融合顶层设计的现状

媒体融合顶层设计的主体具有相对性，不仅包括国家对全国各省市媒体融合所做的战略设计，还包括各省市对所在区域所做的媒体融合规划，各新闻单位、传媒集团内部的融合规划也是媒体融合顶层设计系统中的一部分。顶层设计是自上而下的层层设计，基于此，首先看国家层面的媒体融合顶层设计，2013 年全国宣传思想会议提出媒体融合的想法，2014 年《关于推动传统媒体和新兴媒体融合发展的指导意见》中提出，要打造一批新型主流媒体，建成新型媒体集团，形成立体多样、融合发展的现代传播体系，为推动媒体指出明确发展方向。2018 年国家广播电视总局由宣传机构成为国务院直属机构，意味着媒体融合从媒体机构内部转型上升到国家机构改革层面；同年《关于加强县级融媒体中心建设的意见》通过，提出要组建县级融媒体中心，由此可见，国家推动媒体融合由中央级、省市级媒体向基层媒体延伸，打造新型主流媒体、新型媒体集团、新型传播平台及县级融媒体中心协调运作的全媒体传播体系。

自2014年媒体融合上升为国家战略以来，各省市纷纷进行媒体融合规划，不同省市的媒体发展情况、经济发展程度不同，所以各省市媒体融合的顶层设计也不尽相同，本章通过对多个省市媒体融合顶层设计规划进行研究，发现当下媒体融合顶层设计主要有以下4种类型：多方协作打造传播矩阵、集全省市力量打造传播平台、重点突破战略推动媒体融合、媒体和资本合力推动融合发展。

2.2.1 形成传播矩阵，构建新型传播体系

2014年，国家对媒体融合提出要求，即推动传统媒体和新兴媒体融合发展，形成立体多样、融合发展的传播体系。目前，多数省市及传媒机构积极布局传播矩阵，从省市媒体融合顶层设计上看，一些省市推动传统媒体转型为新媒体平台，打造新型传播矩阵，比如北京市媒体融合是要打造“1+4+17+N”的传播矩阵，陕西省媒体融合总体指导思想是构建“一云、一网、四中心、多厨房、‘1+N’端”的新型传播体系；对于转向新型主流媒体的传统媒体而言，在顶层设计上围绕建设新型主流媒体或者新型媒体集团的目标，目前已经设计出多种融合战略，根据媒体形态布局传播矩阵，如羊城晚报报业集团的“八纵一横”战略；根据不同媒体在发挥舆论引导上的重要地位布局传播矩阵，比如浙江日报报业集团的“三三战略”，以核心圈、紧密圈、协同圈三个圈层内外协同，打通纸媒、PC和移动端资源，共同发力发挥主流价值观的引领作用。

媒体融合经历了传统媒体与新兴媒体各自发展、相互促进到融为一体的发展过程，各省市围绕融合目标在内容、渠道、平台、经营、管理

等方面实现融合。布局传播矩阵，目前基本实现内容融合、渠道融合，在顶层设计上呈现以下三个特征。

一是充分利用自身资源，实现内容融合，搭建具有能汇聚并实现媒体资源共享、协同发展的平台，打破资源界限，在融合中起着指导作用。北京市“1 +4 +17 + N”融合规划中的“1”就是打造一个市级融媒体指挥调度中心，陕西省“一云、一网、四中心、多厨房、‘1 + N’终端”融合体系正在努力将陕西广播电视台的“丝路云”融媒体平台和陕西广电网络的“秦岭云”融合成为“一朵云”，具体而言，“秦岭云”是从行业层面横向打造视频云平台和大数据交互平台，“丝路云”是在垂体领域上覆盖省市县媒体资源，进而形成融合媒体网络，陕西广播电视台负责提供内容，陕西广电网络提供技术基础。依托自身公信力和数据资源优势，浙报集团上线“天枢”融媒体平台，致力于打造省级媒体资源库。

从多个省市媒体融合顶层设计目标上看，省级媒体集中在打造新型媒体平台、新型主流媒体集团、新媒体集群。2016 年 2 月 19 日，党的新闻舆论工作座谈会强调，内容永远是根本，融合发展必须坚持内容为王，以内容优势赢得发展优势。从融合中的媒体集团的战略规划可以看出一些以内容为核心推动融合的媒体目前已取得一定成效，“澎湃新闻”作为上海报业集团“三二四”战略布局中的现象级互联网新媒体之一，在筹备之初就明确自身的优势和竞争力是内容，因此定位成为互联网上聚焦时政与思想的强大的原创机构媒体，这也是我国率先定位为互联网原创新闻的新媒体，截至 2019 年，澎湃新闻客户端下载量总计超过 1.5 亿，日活过千万。

二是采取“借船出海”和“造船出海”相结合的战略，突破传统媒体自身局限，占领新兴媒体渠道。内容与渠道的统一是传统媒体连接用户的关键，互联网的到来使传统媒体的内容和渠道割裂，导致内容难以抵达用户，传播力、影响力减弱。按照打通渠道连接用户的融合思路，在顶层设计上布局产品矩阵，扩大影响覆盖范围，增强“四力”。省市级媒体在顶层设计上以“移动优先”为原则利用社会化、商业化互联网平台扩大传播阵地，并且要求自建平台和打造自身品牌，天津市打造以报业、广电、网端、移动端及自媒体为生态的传媒矩阵，浙江省构建以“两微一端”为重点的移动媒体矩阵。综观传媒集团，在顶层设计上搭建融合矩阵，比如广州日报报业集团的融合战略是“建设枢纽平台、构建融媒方阵、打造拳头产品”，其中“融合方阵”就是集“报刊+网络+微博、微信+客户端+智库”共同融合；浙江广电集团以“中国蓝新闻”“中国蓝 TV”客户端为核心，协同集团内新媒体矩阵、省内广电媒体联盟形成“两核三圈”，并以中国蓝融媒体中心为支撑，推动内部打通、里外贯通、跨界融通，即“一平三通”。

三是发挥媒体在提供政务服务上的作用，将媒体融合与社会治理结合起来，形成省市县媒体相互贯通的战略格局。2018 年，国家提出建设县级融媒体中心，“努力把县级融媒体中心建成主流舆论阵地、综合服务平台和社区信息枢纽”，把县级媒体和中央媒体、省市媒体一起纳入媒体融合体系中。陕西在顶层设计上提出打造“1+N”移动端，使得省级主流媒体“陕西头条”新闻客户端与各县融媒体打造的“爱陕西系列”移动客户端互融共同，对基层媒体采取“新闻+政务+服务”的模式，目前已经上线 21 家县级移动客户端；上海 16 个区级融媒体中心成立并上线融媒体客户端；北京已经建成 17 家区级融媒体中心，并且全部接入到市级技术平台“北京云·融媒体”，进一步实现市区级媒体之间的上下联动。

县区级媒体作为宣传工作的基本组成部分，是推动媒体融合深入发展的“最后一公里”，围绕着国家对县级融媒体中心的定位，各省积极推动县级融媒体中心的建设，目前已经形成“项城模式”“长兴模式”

“北京模式”等各具特色的融合模式，其中，项城、长兴的融媒体中心依靠自身实力建成，目前多数县区级媒体依托上级或者外部成熟的技术平台打造融媒体中心，如北京区级融媒体中心在建设中与人民网、新华网等中央媒体及北京市属媒体联合，湖北省打造为省市县媒体提供技术支持的“长江云”政务新媒体平台。

“人在哪儿，宣传思想工作的重点就在哪儿”，各省在布局媒体融合战略上，利用自身媒体资源、政策资源，打造汇聚媒体资源的平台，实现资源集约化；实施“借船出海”和“造船出海”相结合战略，实现渠道融合，这既是省市媒体在顶层设计上采取的战略，也是实力较强的媒体集团对内采取的战略；各省市构建新型传播体系，把县级融媒体中心建设纳入顶层设计中，目前多数省份已经搭建了为县级融媒体中心提供技术支持的省级平台，并且搭建融媒体指挥中心，面向各市县区开放推动资源共享。

2.2.2　集中力量于一体打造新型传播平台

互联网技术改变了人们获取资讯的习惯和方式，从门户时代的主动搜索信息到移动智能时代通过内容推荐机制得到感兴趣的信息，总之，人们不再满足于接收大众化的信息，而更加追求个性化信息满足自身学习、休闲娱乐等需求。今日头条、趣头条主攻技术，用技术创新支撑平台发展，抓住用户需求获得流量市场，在此基础上进一步利用技术服务用户，占有用户是获得市场的关键，因而它们在互联网市场不断壮大。利用技术搭建融媒体中心是规划媒体融合的重要环节，“中央厨房”是推动媒体深度融合的标配，是龙头工程。2017 年《国家“十三五”时期文化发展改革规划纲要》提出，支持党报党刊、通讯社、电台电视台建设“中央厨房”。“中央厨房”即融媒体中心，也是当下中央媒体和省级媒体正在打造的新型传播平台。

面对互联网平台的冲击，各级媒体在顶层设计上打造汇集多方资源的媒体平台，国家将媒体融合上升到国家机构改革中，2018 年把中央电视台、中央人民广播电台、中国国际广播电台合并，组建中央广播电视总台，由中央宣传部领导，推动三台融合有助于资源共享，发挥更大的传播效能。伴随着 5G 商用时代的到来，中央广播电视总台定位为国际一流新型主流媒体，布局“5G + 4K/8K + AI”的战略格局，构建以“央视频”为品牌，以短视频为主，兼顾长视频，打造新媒体旗舰。

从省市级媒体的顶层设计上看，多数省市将“打造新型传播平台”作为主要媒体融合战略目标，不同省市在资源整合、机构重组上的规划主要分为两类：第一类是打破媒体形态的界限，进行全面融合，以天津市为例，将天津日报社、今晚报社、天津广播电视台整合为海河传媒中心，在顶层设计上确立了“紧密型、两分开、融媒体、集约化”的改革目标，对市属所有新闻媒体进行集中领导管理；第二类是在报业、广播电视领域内部组建传媒集团，以辽宁省为例，2018 年辽宁省整合辽宁报业传媒集团等 17 家单位，成立辽宁报刊传媒集团，整合辽宁广播电视台等 7 家单位，组建为辽宁广播电视集团，整合后的媒体集团为省委直属单位，进行企业化管理。

相比于中央媒体打造覆盖全国甚至面向国际打造全国性新型传播平台，省级媒体多是以搭建覆盖全省的区域性新型传播平台为融合目标，从新型传播平台的建设主体看，主要分为三种：一是由广播电视台承建，如山东的“闪电云”、陕西的“丝路云”、江苏的“荔枝云”、浙江的“中国蓝云”；二是由报业集团承建，如湖南的“新湖南云”、重庆的“上游云”；三是以新组建的新媒体集团承建，如天津的“津云”、甘肃的“新甘肃云”。

从新型传播平台的建设情况上看，湖北省的“长江云”起步较早，目前已经取得一定成效。“长江云”起初是服务于湖北广电内部的媒体云，2016 年上升到面向全省提供政务服务的政务云，湖北广播电视台副台长将长江云平台的定位概括为“3 + 2 + N”，即三个平台、两个入口、N 个新媒体产品。其中，三个平台指的是舆论引导平台、政务移动平台和民生服务平台。可以看出，长江云是一个集“媒体 + 政务 + 服务”为一体的综合服务型媒体平台，目前湖北省入驻长江云的党政机关已经超过 2220 家。

新型传播平台是各省市在媒体融合顶层设计上的具体体现，从功能上看，其不仅是信息传播平台，还是政务服务平台、技术支持平台，为县级融媒体建设提供技术服务，构建从中央媒体、省级媒体到市县媒体三级融合的传播新体系。

2.2.3　重点突破战略推动媒体融合

媒体融合发展是一项复杂的系统工程，在融合目标、体制机制、重要领域等方面都要做出系统性规划，同时媒体融合的顶层设计具有可操作性，各省市拥有的资源有限，面对传统主流媒体影响力、传播力减弱，在媒体融合顶层设计上一般采取重点突破战略，以重点项目带动整体融合。

从各省媒体融合顶层设计上可以看出，目前重点突破战略主要有三种方式：一是以省市直属原有媒体集团为重点，推动融合，这是目前多数省市布局融合战略采用的方式，比如湖南省在融合战略上重点抓好省直三大传媒集团的融合，即推动湖南日报报业集团、湖南广电集团和湖南出版投资控股集团的融合发展；浙江省以浙报集团、浙江广电集团为龙头，推进采编发流程再造，以形成一批具有全国影响力的新型主流传媒集团；上海市积极培育网络文化龙头企业，集中力量建设两三家新型主流媒体集团。

二是整合媒体机构，重点抓好新组建的媒体集团，这种整合是指合并报业和广播电台，天津市媒体融合是典型代表，天津将报业、广播电台整合为一体，组建成立海河传媒中心，在领导架构上“合六为一”，对天津日报社、《今日晚报》、天津广播电视台、天津广电传媒集团及中国技术市场报社、天津报业印务中心 6 个机构的领导架构进行撤销调整，最终整合为一个法人、一个行政指挥系统①，并且建设津云“中央厨房”作为统一的技术平台；此外，宁夏日报报业集团也将与宁夏广播电视台合并，组建成新的媒体单位，目前宁夏回族自治区的 5 个地级市中已经有 4 个市合并了报业和广电。

三是以省级媒体和县级媒体为重点，带动市级媒体的融合，比如贵州省以重点推进省级、县级媒体融合带动市级媒体跟进，最终达到三级联动、协同发力的深度融合。

就传媒组织而言，布局重点突破战略主要依据自身优势资源，主要围绕内容、技术、资本三方面布局，有以下三种方式。一是以内容优势为重点推动融合，人民网的“一二三四五”发展战略以内容为主业，技术和资本为驱动，建设内容原创、内容运营、内容风控和内容聚发 4 个内容业务体系；湖南广电的“一个集团 + 两个上市公司 + 四大业务板块”战略在内容和资本上发力，其中内容优势发挥着主要作用，目前基本形成了湖南卫视和芒果 TV“一体两翼，双核驱动”的融合发展格局。湖南广电早在 2014 年就开始布局，借助优质内容打造新媒体独播平台，湖南卫视将旗下自制节目网络版权收回，开启“芒果 TV 独播战略”，目前围绕 IP 基本形成“内容 + 平台 + 产品 + 服务 + 硬件终端”的生态链。二是以技术为核心优势驱动融合，成立于 2015 年的封面传媒是《华西都市报》融合转型的平台，成立之初就得到来自四川日报报业集团和阿里巴巴集团在资金、技术等方面的支持，定位为一个“个性化定

① 陈利云. 打造深融时代的传媒旗舰——天津海河传媒中心党委书记、总裁王奕访谈录 [J]. 新闻战线，2019 (11).

制”的新型主流媒体。在2019年提出实施“111战略”，将重心放在封面新闻这一个平台上，用AI重新定义封面新闻，并以封面新闻为中心向打造融“智能+智慧+智库”一体的智媒体方向发展。三是以资金优势驱动融合发展，比如浙报集团在融合中积极运作资本，坚持“传媒控制资本，资本壮大传媒”理念，以打造“互联网枢纽型传媒集团”为战略目标布局“三三战略”。

重点突破战略有助于实现有限资源的利用最大化，目前不同省市在布局融合战略上侧重点不尽相同，但具体融合目标主要都是打造新型主流媒体及两三家新型主流媒体集团；传媒集团在融合发展规划中主要从内容、技术、资本三方面考虑自身优势，进而布局对应的战略，从业务体系可看出不同传媒集团的融合重点。

2.2.4　媒体与资本合力加快融合发展

无论是传统媒体还是新兴媒体的运营发展都离不开资金支撑，传统媒体的广告和发行收入已经难以维持其正常运转，据国家新闻出版总署发布的《2018年新闻出版产业分析报告》显示，报纸广告收入跌破百亿，只剩下2011年的15.7%，降幅达30.3%，广告资源量减少34.1%。在传统媒体广告市场上，2018年全年传统媒体广告花费同比下滑1.5%。在这种情况下，传统媒体需要资本扶持，一方面维持其正常运转，另一方面用于发展新业务进行转型，无论是技术设备、软件还是人才的引入等都离不开资本支持。

由于各省经济发展程度不同，媒体融合的发展需要经济支持，一些经济较发达的省市在布局媒体融合战略发挥经济优势，运用“媒体+金融”模式，比如金融大省广东，将融合目标定为打造数家资产超百亿、国内一流、国际知名的大型传媒集团，培养一批在国内有广泛影响力的传媒集团。体现在具体融合实践中是成立南方财经全媒体集团，其整合了南方报业传媒集团和广东广播电视台二者旗下的优质财经媒体资源和经营性资产，以“媒体”“数据”“交易”为核心业务，打造成专业财经全媒体和综合金融信息服务平台。此外，上海财经类媒体在规模、品牌等方面具有特色，目前在打造同上海经济相契合的财经全媒体集团。

经济实力发达的省市在布局媒体融合战略时超越地区限制，多是面向全国甚至国际打造知名品牌，具体到各媒体集团，体现为重视公司上市，借助资本力量助力媒体融合。浙报集团正是充分利用资本市场，实现了受众向用户的转变。上市为浙报集团筹集资金带来便利，2015 年，浙报集团通过非公开发行 A 股股票和自筹得到 31.9 亿元，以此收购杭州边锋和上海浩方两家公司，这为其带来 3 亿注册用户、2000 多万活跃用户及 1000 万移动用户①，使整个报业集团拥有的注册用户超过 5 亿用户数量的增长为其实现“三圈环流”带来保障，通过资本运作，浙报集团向游戏、网络阅读、动漫、电商等领域延伸业务。

媒体融合不能离开内容这一主业，内容和资本合力有助于融合效果最大化，实现社会效益和经济效益相统一，上海东方传媒集团有限公司就是以内容和资本为主要抓手，提出“娱乐 +”战略，以上市公司东方明珠为龙头，以 IP 为核心打造多元化娱乐业务。

媒体融合是推动与经济发展相互作用的主流价值观占主导地位，政策资金支持是媒体融合发展的重要动力，但不是长久持续的主动力，各省特别是经济实力较强的省市在布局融合战略时重视资金投入，在响应国家转企改制的同时，给予传媒集团参与资本运作提供政策支持，特别是税收优惠。以资本力量促进融合有助于倒逼体制改革，真正实现传统主流媒体向新型主流媒体转变。

---

① 郭全中，胡洁．复盘浙报集团的转型之路［J］．新闻爱好者，2017（02）：4－10.

2.3　媒体融合顶层设计存在的问题

很多媒体都意识到做好顶层设计的重要性，据相关部门统计，2014—2016 年，我国 83.7% 的报刊出版单位制订了未来 3～5 年融合发展战略规划文本；90.12% 的报刊出版单位出台了媒体融合具体措施和工作安排；超过 1/3 的单位进行了项目实施①。目前，我国媒体融合正在从各自融合向区域融合、全国融合发展，从内容融合或渠道融合、经营融合等单一融合向推动内容、渠道、平台、经营、管理等一体化融合发展，并且一些传统媒体在融合中取得较快进展，比如浙报集团运用资本为推动融合发展带来资金、技术、人才保障，湖北广电打造长江云积极推动了湖北省市县的区域融合，杭报集团定位为“大文创产业生态运营商”，实现非报业务营收占集团的一半以上。尽管如此，诸多媒体在顶层设计上仍存在一些问题，虽然采取建设“两微一端”、搭建传播平台等诸多举措，不过取得的融合效果与国家整体融合进展存在一定差距。

2.3.1　借鉴融合模式，忽视自身优势

互联网打破了传统媒体在传播渠道上的垄断地位，人们拥有更多的渠道选择权，一方面，互联网尤其是移动互联网成为人们获取信息的主渠道；另一方面，传统媒体的受众呈现老龄化趋势，具有庞大用户规模及用户活跃度的商业媒体对广告主更具吸引力。传统媒体渠道优势地位的丧失带来受众的流失，随之而来的是广告收入的下滑，原有传播力、影响力减弱。多数传统媒体认为渠道失灵是造成生存和传播双重问题的

① 赵新乐．融合发展：开启媒体报道新时代［N/OL］．中国新闻出版广电报，2017［2019－10－04］．

主要原因，因此纷纷拓展新渠道，按照拓展渠道争取用户、扩大传播力的思路展开融合。

传统媒体在 PC 时代对渠道拓展的探索表现为开办网站、电子报刊、手机报等，在移动互联网时代，为了减少吸引用户的成本，传统媒体纷纷开通微信公众号、微博号、抖音号、头条号等，借助第三方平台的流量优势延伸自己的渠道，但是依靠占领渠道获取注意力的方式存在一些问题，最主要的是渠道无限扩大，如今流行的微信、微博、今日头条等渠道在竞争激烈的当下面临着被替换的可能，而且新兴的渠道在未广泛流行之前也很难引起传统媒体的注意，也就是说，传统媒体一味占领渠道很难抢占先机。在提供的内容不能与新渠道相适应时，每增加一个渠道就意味着运营成本的增加。此外，在新媒体运营人才缺乏的情况下，让传统采编人员运营新渠道只会加重内部人员的工作量，没有互联网思维的转变根本谈不上融合，单纯依靠占领渠道融合的方式是行不通的。

在国务院印发的《国家“十三五”时期文化发展改革规划纲要》中提出支持党报党刊、通讯社、电台电视台建设“中央厨房”后，全国掀起以“中央厨房”为模板的转型浪潮。一些地方媒体不顾自身的资金、技术等实际情况，盲目追求形式上的集约型平台，将人员集中到一起办公，搭建大屏幕，不但没有取得期待的传播效果，反而浪费大量资源并打击了转型积极性。

国家领导多次强调要处理好传统媒体和新兴媒体、中央媒体和地方媒体、主流媒体和商业平台的关系，形成资源集约、协同高效的全媒体传播体系。传统媒体在做融合顶层设计时普遍强调借助内容、技术、资本等推动自身融合，虽然在融合实践中出现跨区域、跨界融合，但是置身于全国融合形势对照当前设计，发现还存在以下问题。

首先，在处理传统媒体和新兴媒体融合关系上探索最早，多数媒体提出坚持“移动优先”，向移动互联网这一传播主阵地转移，布局移动渠道形成移动产品集群。融合的背后必然是组织结构、人员构成的革新，但是受制于体制机制，多数媒体组织采取改良式的渐进融合，以增量改革带动存量改革，这在一定程度上减少了融合的阻力，但也造成部分传统媒体融合中以传统媒体为主体，将新兴媒体作为传统媒体的部门存在，造成传统媒体和新兴媒体“形”融“实”分的状态。

其次，由于中央媒体和地方媒体在拥有的资源实力方面存在较大差异，它们在顶层设计上定位也应该不同，但是随着国家提出要打造一批新型主流媒体，很多传统主流媒体把“新型主流媒体”作为目标定位，并没有理解新型主流媒体的内涵，并不是所有的传统媒体都要成为新型主流媒体，经济实力较弱的省市打造多家新型主流媒体，既没有必要也不现实。中央媒体要充分利用资源优势向新型传播平台发展，实力强大的省级媒体集中力量向区域性新型传播平台发展，并且搭建技术平台为市县基层媒体提供技术支撑。

最后，在主流媒体和商业平台的关系上，传统主流媒体积极采取合作的方式，借助商业平台的渠道优势壮大舆论影响范围。但是多种数据资源掌握在商业平台手中，不利于传统主流媒体发挥自身平台的作用，这一状况在短期内不会出现太大改变，传统媒体在学习商业平台搭建自身平台上还存在很多不足。

2.3.2　“借船出海”，缺乏平台主动权

“借船出海”是传统媒体在融合过程中借助微信、微博等社交平台，今日头条一类的内容聚合平台及商业平台等多种用户入口平台，吸引用户注意力从而扩大影响力、传播力的战略之一。从目前融合实践看，传统媒体多借助其他平台解决渠道单一的问题，随着融合不断深入，“借船出海”存在的问题逐渐明显。从“借船出海”的运作上讲，

传统媒体存在两个问题，一是缺乏差异化定位导致的内容同质化问题，二是运营投入不足造成新增渠道优势减弱。从“借船出海”本身上讲，借力发展虽然带来传播成效但使传统媒体面临着缺乏数据控制权、用户引流乏力等问题。

（1）缺乏差异化定位，内容同质化。

很多媒体在运营微信公众号、微博号等第三方平台时，采取简单的内容平移的方式，将网站、微信、微博等视为内容传播的出口，无差别定位造成内容同质化，对用户获取有效信息带来干扰。就微信平台而言，根据《微信就业影响力报告》《微信经济社会影响力研究报告》和《2017 微信用户 & 生态研究报告》数据，2017 年 7 月微信公众号数量已经超过 2000 万个，相比于 2016 年年底 1000 万个的数量增长迅猛，但是拥有百万粉丝量的公众号只占 1.8%，长尾效应越加明显。微信公众号的文章阅读量绝大多数来自订阅用户，据 QuestMobile 的数据显示，目前 80% 的微信用户使用公众号，但是 2019 年 2 月，73% 的用户关注的公众号数量低于 20 个，其中 50% 的用户只关注 10 ~ 20 个。面对激烈的竞争，部分传统媒体缺乏用户思维，以传者主导的视角单方面输出并且多是毫无特色的转载文章，很难吸引用户订阅。

相对于用户圈较为封闭的微信，微博面对的用户圈层更广，即使用户不关注微博号也可能接收到热门信息，微博对时效性要求更高，虽然 2016 年取消了发布 140 字的限制，但是其信息流的呈现方式要求发布者在短时间内快速吸引用户，相比于微信公众号，更加考验运营者的快速反应能力。通过观察发现，一些传统主流媒体忽视微博的时效性，将在其他平台发布的内容直接以链接的方式发布在微博中，一方面是时效性减弱，另一方面是用户需要打开链接才可以查看内容，获取内容成本高，对用户的吸引力减弱，发布的信息一般沦为无效信息。

不同的平台面对的用户群体不同，用户习惯也不同，传统媒体在

“借船出海”上“以不变的内容应万变”的思路依旧是传者本位的旧思维，不从用户本身考虑只是追求内容的散布，造成内容同质化、缺乏竞争力。

（2）运营投入不足，渠道优势减弱。

一些媒体虽然认识到要在不同平台展开差异化运营，但是在实践中，还存在对新兴媒体投入不足带来的“借船出海”优势减弱的问题。运营新兴媒体对运营人员的要求更高，不仅要有专业素养，还要有互联网思维，不仅要有良好的写作能力，还要有能活跃用户、与用户互动的沟通能力。

从新媒体运营人员的数量上看，传统主流媒体的投入不足，有学者对国内 110 家主流媒体进行调查，发现仅有两家媒体的“两微一端”运营人员超过 30 人，62% 以上的媒体运营人员仅为 1～2 人。同时，很多运营人员要同时运营多种新媒体平台，一方面要考虑内容质量，另一方面要考虑不同平台的运营规则，而运营者时间、精力有限，容易造成内容同质化、内容质量不高的问题。从人员的专业背景看，运营微信、微博的工作人员多是文科专业出身，具有经济管理、计算机专业背景的人员占比不高。大多数媒体对新媒体的运营停留在内容运营方面，缺乏技术创新、商业运营，还是以原有的内容生产流程应对互联网媒体，但是当下仅凭借内容吸引用户的方式效果并不好，用户更加追求个性化、差异化的表达方式。传统媒体对第三方平台投入的人力、物力不足使新渠道的传播优势难以发挥作用，这背后的原因是对新媒体的重视不够、内部组织结构不合理。

（3）有流量难变现，用户引流乏力。

主流媒体在借助互联网平台发挥影响力上取得很大进步，如在机构运营的微信公众号中，来自媒体的账号数量占比不足 1%，但是粉丝数量达到 23 亿，其中粉丝数量过百万的账号粉丝总量超过 2 亿，《人民日报》、新华社公众号的粉丝数量均超过2000万。中央级媒体拥有足够的资源实力，它们在其他平台继续发挥原有品牌优势、权威性和公信力得到延伸，占据大量用户。对于地方媒体而言，在新媒体运营上面临更多的挑战，其拥有的粉丝量多在5万以下。

微信公众号流量主要的收入来源有三种，一是产品收入，二是服务收入，三是广告收入，对于传统主流媒体而言，一方面承担着舆论引导的责任，通过打广告获得收入与自身形象不符，另一方面通过微信平台获取的广告收入达不到平衡开支的水平。据统计，2018年2月，微信公众号的图文打开率为2.07%，粉丝相对较高的原创号阅读量平均为10%，广告的点击率是1%。按照微信广告单价0.2元/次计算，拥有1万粉丝的公众号，一篇文章的阅读量平均约为1000次，广告点击10次，一篇文章的广告收入只有2元，即使每天发文5篇，一个月也只有300左右的广告收入。因此，传统媒体在新媒体运营上实现流量变现依旧比较困难。

除此之外，传统媒体"借船出海"存在的最大的弊端是平台数据在第三方平台手中，受制于他人平台内容推送规则的制约，拥有好的内容并不一定拥有用户，拥有用户也并不一定能引流到自身平台。因此，传统媒体要用好社交平台、商业平台等第三方平台，同时要积极搭建自己的平台，"借船出海"并非长久之计。

2.3.3 "造船出海"，分发平台过剩

（1）建设成本高，盈利模式不明。

拥有自主可控的平台十分重要，目前已经受到重视，"造船出海"是指媒体机构建立自主可控的平台，具体表现为建设客户端、云平台和全媒体指挥控制调度中心。APP为内容的巨大需求量和承载量搭建一个平台，据《2018中国媒体融合传播指数报告》显示，目前九成以上的

传统媒体都建成了自己的客户端。但是建客户端的火热与用户市场形成鲜明对比，据艾媒咨询调查的数据显示，约 3/4 的用户常用新闻客户端数量为 2 ~3 个，其余用户仅用一个新闻客户端，九成用户每天只打开一个新闻 APP。

此外，新闻客户端市场两极分化很严重，绝大多数用户被排名前十的客户端抢占。从我国新闻客户端月活情况上看，腾讯新闻和今日头条破亿占据第一梯队，搜狐新闻、趣头条、一点资讯等达到千万占据第二梯队，《人民日报》、澎湃新闻、央视新闻等少数传统媒体创办的客户端达到月活百万处于第三梯队。就传统媒体内部市场而言，中央和部分省级媒体客户端占据头部，其他媒体的客户端如同“长尾”占据少量用户。

要办好新闻客户端需要极大的资金、技术、人才和设备的投入，澎湃新闻在前期投入 3 亿 ~4 亿元资金，投入 400 多人，但是在盈利模式上依旧没有走出依靠内容争取流量从而得到广告的老路，澎湃新闻想要通过开发互联网和移动互联网的多重媒体资源，将广告与线下活动相机合，通过网民和客户资源的共享，实现新媒体的广告价值和产品营销渠道价值。要想盈利必须拥有百万级的活跃用户量，但是澎湃新闻的目标用户是关心时政的精英型人群，提高了用户准入门槛。

很多传统媒体创办大量的客户端虽然投入大量成本，但是传播效果并不好，一是客户端定位不清晰，二是设计缺乏创新，三是缺乏沉淀用户的方式。拥有的客户端越多并不代表分发渠道的增多，反而增加人员、资金的投入。目前很多传统媒体意识到这个问题，正在关停、整合客户端，比如大众报业集团在 2018 年年底上线山东海报新闻客户端，据悉山东海报新闻是为了整合新锐大众、山东手机报、齐鲁壹点等客户端。上海报业集团在 2018 年减少了 5 个 PC 端网站，停运了 2 个客户端。

（2）技术跟随战略，错失技术红利。

“中央厨房”作为移动优先发展战略下的龙头工程，是新型传播平台的一部分，其着力点在移动优先战略下的流程再造，很多媒体机构搭建“中央厨房”，在使用中不乏因技术能力不足造成“中央厨房”不能真正发挥作用，比如《广州日报》现在建设的“中央厨房”与广州日报新媒体客户端端口兼容度有待改善，新旧介质间切换不灵活。

传统媒体在技术研发应用、升级维护上相对滞后，投入不足，以浙江日报报业集团为例，其出台的新媒体创新孵化管理办法规定，每年提取营业收入的2%作为专项研发经费，投入到新媒体产品及技术研发。浙江日报报业集团 2016 年年度报告显示，2016 年公司的营收收入为 35.49 亿元，由此可以推算，浙江日报报业集团对新媒体研发投入是 0.7 亿元，而同年百度研发支出 101.51 亿元，网易研发支出 30.47 亿元，微博的研发支出是 10.69 亿元，其中网易研发强度最小，但也达到 7.98%。相比之下，无论是在强度还是支出金额上，浙江日报报业集团都与其具有一定差距，同时浙江日报报业集团在融合转型中处于比较领先的地位，由此判断，大多数传统媒体对新媒体研发投入的情况并不乐观。

基于自身技术能力的缺陷，传统媒体在技术上多采取风险较小、成本较低的跟随战略，但这也带来一些问题，一方面，技术跟随战略会使传统媒体错失技术带来的红利；另一方面，采用别人的技术不一定能满足自身平台的需求，缺乏自身核心技术会长期落后于传媒领域的互联网公司，不利于传统媒体在互联网领域的竞争。

总之，传统媒体从理念到人才结构、研发投入等方面都要重视技术，同时无论是与其他技术服务商合作还是研发自己的核心技术都要搭建自己的技术平台。

（3）用户数据不足，难以发挥作用。

搭建自身平台的主要目的是扩大自身传播力、影响力、引导力，与

"借船出海"不同，自建平台吸引到的用户数据可观可控，并且可以通过鼓励用户生产内容的方式推动平台的发展，一是通过用户生产内容丰富内容库，二是以这种方式与用户互动有助于沉淀用户，三是通过分析用户生产内容背后的数据，有助于完善用户画像，从而发掘用户的需求，为用户提供更符合其需求的服务。而要实现以上效果，必须要拥有足够多的用户数量。

但是，从目前传统媒体自建平台的实践看，除了少数主流媒体拥有足够多的用户数量，多数媒体尤其是地方媒体建设的平台很难做到，趣头条、快手等平台在布局渠道下沉上已经取得很大进展，在三、四线城市和农村地区获得很大用户市场，这对于市县级媒体建设的平台争夺用户带来很大挑战。随着客户端数量的增多，新出现的客户端获得用户的成本不断增加，趣头条采用"看新闻赚金币"的方法留住用户，具体来讲，根据用户打开软件的频率、阅读时长、看新闻的数量及签到次数给予相应的"金币"，而"金币"可以提现转到用户支付账户中，直接的现金奖励极大提高了下载量、阅读量。此外，通过邀请新用户下载趣头条可以获得更多现金奖励，此奖励机制让用户帮其推广，降低了推广成本。虽然这种方式有效地提高了用户留存率，但是一旦金钱补贴取消，用户留存会受到影响。一些传统媒体借鉴补贴用户的方式，但多采取积分换取优惠券等虚拟奖品的方式，并不能有效吸引用户。目前，传统媒体吸引用户到自建平台上的方式较为单一，吸引效果不好，同时借助第三方平台将用户引到自建平台上也缺乏有效方式。总之，传统媒体自建平台由于缺乏足够的用户数量，难以发挥平台的真正作用。

2.3.4　资本整合受限

（1）受体制机制影响，市场化难度大。

受制于原来的体制机制，传统媒体难以深度融合，当传统媒体体制改革无力或者不彻底，不可避免地带来人才流失，个人能力不能与薪酬直接挂钩，不合理的人员奖惩机制使有能力的人离开传统媒体，而留下来的人在原有的工作环境中，更不容易主动创新改变原有业务。

（2）资本运作风险大，影响稳定发展。

国家在积极鼓励媒体面向市场做大做强，目前浙江日报报业集团、上海东方传媒集团有限公司（SMG）均凭借上市、融资、投资等方式获得资金进而支撑融合所需的各种成本投入，增强自身综合实力。但是，传媒上市公司在资本运营面临更多不确定性，存在诸多风险。就资本运作方式而言，主要有两种：一是融资，从媒体外部获得资本，缓解自身产业发展和拓展新业务面临的资本压力，包括上市、在新三板挂牌、成立基金、发行债券、引入战略投资者这几种方式；二是投资，是指把自身盈余的营收及融资得到的资本投入到看好的行业、领域，从而获得收益。下面从融资和投资两个方面分析目前媒体存在的问题。

在融资方面，上市是打通资本融资渠道最直接的方式，而且通过上市，传统媒体不仅可以获得资金，还可以倒逼其改革股权结构，有利于现代企业制度的建立。上市存在很大风险，浙报传媒上市以来公司保持着稳定的盈利状态，但上市后并非一帆风顺，其传媒集团借壳上市的传媒公司 2018 年亏损 8.41 亿元。在引入战略投资者方面，由于我国传媒业有着强大意识形态属性，转企改制后的传媒企业也多是国有独资公司或者国有绝对控股公司，公司领导者具有较高政治敏感度，但对市场战略敏感度较为薄弱，因此错过了引入战略投资者的最佳时期。

在投资方面，传媒上市公司为了实现战略目标，推动新业务增长，会采取并购的方式向外拓展，通常并购时被并购方会进行利润承诺，但是如果利润承诺不能实现时，会对公司造成巨大影响。

2.4　媒体融合顶层设计的新要求

媒体融合的顶层设计具有发展性，作为系统学的一种方法，顶层设计具有相对稳定性，但是服务于媒体融合的顶层设计要根据战略目标及外部环境变化保持动态发展，不断完善媒体融合系统。本书根据融合发展出现的新情况论述顶层设计的新要求，一是要加强网络空间主流意识形态建设，二是增强国际传播能力，三是媒体融合要顺应信息消费升级的变化，四是发挥媒体推动文化传承的作用，让媒体融合推动人们美好生活的构建。

2.4.1　加强网络空间主流意识形态建设

（1）移动优先，占领网络舆论主战场。

网络意识形态是意识形态在互联网空间领域的延伸，党的十九大明确提出“坚持党对一切工作的领导”“党政军民学，东西南北中，党是领导一切的”，党拥有最高领导权并且掌握着意识形态工作的领导权。

从传播格局的新变化看，互联网特别是移动新媒体发展日新月异，截至2019年6月，我国手机网民规模达8.47亿，网民使用手机上网的比例由2017年年底的97.5%增长到2019年6月的99.1%，发展十分迅猛。据艾媒咨询数据显示，2018年我国手机新闻客户端的用户规模达到6.68亿，占到网民总数的78%以上。随着5G商用、人工智能技术不断成熟、可穿戴智能设备需求市场扩大，移动媒体将在快车道上持续加速。“人在哪儿，宣传思想工作的重点就在哪儿”，所以推动媒体融合发展，必须顺应移动化发展态势，坚持移动优先原则，紧跟前沿技术创新移动产品。

人民在线基于网络新闻、论坛、博客、报刊、微博、微信、客户端

7个维度，对2018年全年共637件热点事件进行统计分析发现，微信、客户端、网络新闻、微博成为新闻主要来源，总占比达到80%。所以，传统主流媒体要善于借助微信、微博这类移动社交平台拓宽引导舆论的传播渠道。

（2）严把内容质量，抢占舆论主导权。

主流媒体作为舆论引导者，要坚持对自身发布的信息负责，坚守新闻舆论阵地。在信息生产领域，要进行供给侧结构性改革，使正面宣传质量和水平有一个明显提高。同时，主流媒体要准确及时发布新闻消息，为其他合规的媒体提供新闻信息来源，并加强对内容的把关力度。

在虚假消息的辟谣方面，媒体辟谣能力强，此外政府机构、网民也发挥着积极作用。互联网准入门槛低，谣言在当下传播速度快、数量大，《2018—2019年度今日头条打假报告》显示，2018年今日头条精准辟谣11707条，这些谣言只是冰山一角，网络谣言不仅对人们造成信息干扰，而且其引发的新闻反转事件涉及多方主体，不仅对当事人带来网络伤害，而且增加了媒体、企业、政府等主体的辟谣难度。因此，媒体特别是主流媒体必须要从内容生产源头把关，坚持报道真实、客观、权威的新闻。此外，对于网络上出现的谣言，要利用多种方式加以甄别并及时辟谣，抢占舆论引导主动权。

（3）紧跟技术，提高网络空间治理水平。

网络安全和信息化工作座谈会提出，网络空间是亿万民众共同的精神家园。网络空间天朗气清、生态良好，符合人民利益。网络空间乌烟瘴气、生态恶化，不符合人民利益。谁都不愿生活在一个充斥着虚假、诈骗、攻击、谩骂、恐怖、色情、暴力的空间。互联网不是法外之地。网络空间治理关系到网络安全，而网络安全直接关系到国家安全，除监管部门外，媒体对于维护网络空间安全、营造良好的网络空间也具有责任与义务。

首先，媒体要保护用户隐私，合理使用用户数据。据统计，2016年上半年全球数据泄露事件达到974起，平均每天有5起隐私泄露事件。信息泄露不仅影响用户隐私，还可能对企业的安全带来隐患。《2019年上半年我国互联网网络安全态势》指出，在监测的105款互联网金融APP中，发现了505个安全漏洞，其中高危漏洞就占239个，很可能威胁到交易安全。对于媒体来说，一方面要在业务范围内搜集用户数据，另一方面要加强数据防范的技术能力，防止数据库遭受黑客侵袭。

其次，媒体要利用技术做好内容审核工作。目前一些媒体在引导用户参与内容生产，但是在丰富平台内容的同时，也增加了内容审核的成本。一方面，现在内容形态复杂多样，不仅有图文、音视频，还有表情包、H5设计，这在一定程度上增加了审核用户生产内容的工作量和难度；另一方面，用户生产的内容可能涉及版权问题，媒体因为图片版权问题带来的纠纷时有发生，所以有必要建立有效、强大的版权库。

总之，媒体融合必须重视技术带来的变革，根据态势提前布局融合规划。2014年两院院士大会指出，抓住新一轮科技革命和产业变革的重大机遇，就是要在新赛场建设之初就加入其中，甚至主导一些赛场建设，从而使我们成为新的竞赛规则的重要制定者、新的竞赛场地的主导者。面临5G、大数据、云计算、人工智能等新技术带来的机遇，主流媒体必须紧跟时代变化，坚持移动优先，把关内容质量，用主流价值观驾驭技术，为营造良好的网络空间尽责尽力。

2.4.2　增强国际传播能力，提升国家形象

（1）推动舆论格局重构，争夺国际话语权。

信息革命改变了传统的国际传播格局，过去，以美国为代表的西方

国家凭借强大的经济实力、先进的技术手段、熟练的资本运作在国际传播中拥有强大的话语权。互联网技术的无边界性为各国参与国际传播提供了相对公平的机会，目前“西强东弱”的总体格局已有所变化，国际传播的总体格局开始向“于我向好”的局面转化。我国成为仅次于美国的世界第二大经济体，国际地位不断提升，在国际关系处理上拥有更大话语权，我国要积极把握舆论格局变化的良好机遇，从媒体大国向媒体强国转变。党的新闻舆论工作座谈会指出，要加强国际传播能力建设，增强国际话语权，集中讲好中国故事，同时优化战略布局，着力打造具有较强国际影响的外宣旗舰媒体。

我国推动媒体融合发展，是站在国际传播格局变化的高度做出的战略选择，2018 年《深化党和国家机构改革方案》提出，整合中央电视台、中央人民广播电台、中国国际广播电台，组建中央广播电视总台，撤销三台建制，对外统一称号。重视构建对外传播话语体系，提高国家文化软实力，随着 5G 新技术的到来，国际传播的时空限制进一步缩短，我国媒体要顺应国际传播领域移动化、社交化趋势，利用多种渠道尤其是新媒体，针对不同平台分众化特征，创新表达方式、话语体系，充分利用好国外媒体和本地媒体、自媒体和官方媒体，共同形成国际传播话语体系。

（2）推动社会治理体系现代化，讲好中国故事。

对于推进国际传播能力建设，我国多次强调要“讲好中国故事”，“讲故事”是国际传播的方式，“讲好中国故事”则是国家传播的主要目的。

对外“讲好中国故事”要建立在我国社会治理体系的基础上，社会治理体系和社会治理能力的增强能够体现国家制度的合理，进而制度设计下的理想状态和制度推行实践下的现实状态趋于一致，制度层面体现的价值观也会得到认同。推动社会治理体系现代化，是讲好中国故事的基础。因此，媒体融合不要局限于从技术、渠道、内容等方面推动传播层面的提升，更要与社会治理相结合，也就是全媒体传播体系要与社会现代化治理体系相结合。这也正是构建全媒体传播格局中所提出的媒体融合发展是一篇大文章，面向全球一张网，需要全国一盘棋。

具体来讲，媒体融合与社会治理相结合，要求主流媒体扩大传播力、影响力、引导力、公信力，更要服务于基层治理信息化、智慧化，缩小不同群体不同地区间的数字鸿沟。媒体融合要参与到社会治理体系现代建设中，才能在国际传播中讲好具有感染力、获得更多认同的中国故事。

2.4.3　促进信息消费，推动数字经济建设

随着信息技术的发展，全球数字经济规模不断扩大，数字经济正在成为推动我国经济发展的重要力量，据《数字中国建设发展报告（2018 年）》显示，2018 年我国数字经济规模达到 31.3 万亿元，占 GDP 的比重达到 34.8%。我国高度重视数字经济的发展，从推进“互联网+”行动计划、大数据战略、网络强国战略等顶层设计层面为推动数字发展提供保障。数据显示，全球范围内，信息消费每增加 100 亿元，就能带动国民经济增长 300 多亿元。《中国互联网产业发展报告（2018）》显示，2018 年我国信息消费规模达到 5 万亿元，在最终消费中占比超过 10%。由此可见，信息消费是促进数字经济加速发展的新动力，数字经济的发展、消费结构的变化，对从事信息产品及服务生产、传播的传媒产业带来新机遇并提出新的要求，具体体现在以下两个方面。

（1）丰富信息消费内容，满足消费需求。

随着我国综合实力的增强，人们的生活水平和质量不断提高，对消费的产品和服务提出了更高的要求。信息消费是信息需求者通过吸取信

息从而更好地服务于自身发展的过程，由于信息可以重复使用、传播，所以信息需求者和占有者之间并没有明显界限，二者可以相互转换，并且互为增长条件。所以，信息消费具有推动消费增长的巨大潜力。

信息基础设施不断完善、信息化的高速发展为人们进行信息消费提供了条件，2017 年国务院发布《关于进一步扩大和升级信息消费持续释放内需潜力的指导意见》，提出到 2020 年，信息消费规模达到 6 万亿元；信息技术在消费领域的带动作用显著增强，信息产品边界深度拓展，信息服务能力明显提升，信息消费惠及广大人民群众。因此，作为提供信息产品的传媒产业要积极创新信息消费内容，满足不同对象的消费需求。

本书从需求者的角度出发，分析信息消费升级对媒体融合的要求。信息需求者可以分为个人、企业和政府三类，在个人信息消费方面，个人对信息的需要主要是获取资讯、汲取知识、休闲娱乐、社交通信。企鹅智酷调查显示，我国互联网资讯消费者中，73.7% 的用户每天用于资讯的消费时长超过 30 分钟，但是 65.3% 的网民认为优质资讯缺乏，这就要求媒体提供优质的内容服务。无论是获取资讯，还是汲取知识、休闲娱乐，家庭都是最主要的消费场景，基于此，媒体要借助人工智能、虚拟现实、5G、超高清等技术为个人提供沉浸式服务及相关家庭智能终端设备。在企业信息消费方面，媒体可以基于大数据为企业提供战略咨询、形象策划、会议服务等信息内容。在政府信息消费方面，由于政府的信息消费涉及经济、文化、社会等各种方面，目前智慧城市建设是重点，媒体尤其是传统主流媒体要从智慧城市建设和基层社会治理考虑政府的信息需求，比如为政府设计、开发政务服务产品。

总之，信息消费的兴起离不开技术的推动，无论是满足个人、企业还是政府的信息消费需求，都要把握技术手段，推动信息内容创新。

（2）调整产业结构，适应信息消费升级。

互联网的出现打破了文字、图片、音视频单一的表现形态，网上获取信息速度快、范围广并且便于分享互动，极大满足了人们的表达欲望，同时，互联网改变着人们的生活习惯、获取信息的方式，进而推动消费者对信息提出偏向个人化、精准化的需求。

消费结构变化决定着产业结构的变化，而消费需求可以通过广告市场呈现出来，即从广告市场的变化可以看出传媒产业的结构变化，根据行业可以把传媒产业分为平面媒体、广播电视媒体、互联网和移动互联网 4 种，其中平面媒体和广播电视媒体在互联网时代下属于传统媒体，2014 年传统媒体的广告营业额整体下滑，并且期刊、报纸的市场不断缩小，目前移动互联网的市场份额超过一半。

面对信息消费升级带来的市场变化，传媒产业要积极调整结构，尤其是传统媒体，要加快媒体融合的步伐，“实现各种媒介资源、生产要素有效整合”，形成一批“具有强大影响力、竞争力的新型主流媒体”。所谓的各种媒介资源，就是要求传统媒体要使用好报刊、广播、电视台等原有的资源，又要使用好互联网、移动互联网的资源优势。有效整合生产要素，是指将劳动、土地等旧要素和技术、服务、数据等新要素相结合。这也是要求媒体融合要走出传媒业自身的产业局限，通过跨界满足信息消费者的多样化消费需求。

2.4.4　推动文化传承，构建人们美好生活

（1）以人为根基，弘扬中华优秀传统文化。

推动媒体融合发展，使全体人民在理想信念、价值理念、道德观念上紧紧团结在一起。理想信念、价值理念、道德观念从哪里汲取？即培养和弘扬社会主义核心价值观，必须从中华优秀传统文化中汲取丰富营养，否则就不会有生命力和影响力。因此，媒体融合必须重视中华优秀传统文化的弘扬与传承。互联网媒体的开放性使其摆脱了作为传播载体的局限，人们通过互联网不仅是满足获取内容的需求，更重要的是参与

互联网平台，丰富自身的数字化生活。

目前，媒体在弘扬中华优秀文化上存在两个问题：一是传统主流媒体在传播优秀文化方面发挥着积极作用，但是它以提供内容为立身之本的方式已经不能满足人们多样化的信息消费需求，外加渠道优势地位的丧失，使其优质文化内容难以触及用户。二是互联网商业媒体以用户需求为根本，掌握话语主导权，却在经济利益的驱动下一味地迎合用户需求，造成内容低俗化，将影响人们尤其是青少年的价值观念。

互联网媒体围绕着人的需求提供多样化、立体化的信息消费产品和服务，得以占据用户市场。同时，互联网媒体为用户提供社交化平台，用户在交流互动中形成有情感共鸣或价值认同的人际关系，这种关系超过内容所承载的价值观，为内容传播带来更大的推动力。因此，传统主流媒体要以人为根本，重视关系渠道，不仅要提供承载优秀传统文化的内容，更要重视关系渠道，为用户之间实现连接创造互动的有利条件。

(2) 推动家庭文化互哺，缩小数字鸿沟。

家庭作为基本的社会单位，与社会整体联系紧密，家庭是塑造人的价值观念、思维方式的重要场景，家庭文化是社会文化的一个缩影，同时，家庭文化是形成社会文化的基础。随着互联网技术的兴起，移动智能媒介的出现改变了家庭文化原来的由家长主导的传播方式，出现了家庭文化反哺现象，即年轻一代由于接受新技术快速、敏锐，更贴近时代发展，能够向年长一代提供新的信息、技能，并对后者的生活方式、价值观念、消费观念等带来影响的过程。

我国正在步入老龄化社会，据国家统计局调查，2018 年我国 65 岁以上的老年人占比达到 11.9%，总数达到 1.66 亿。我国 50 岁以上的移动互联网用户已经超过 5000 万。QuestMobile 的数据显示，即时通信、新闻资讯、短视频占据银发人群人均使用时长的前三名。可见，家庭文化反哺带动了年长一代新的信息需求。未来移动互联网的中老年人群将越来越多，这个群体正是传统媒体之前的受众，由于他们受到传统媒体的潜移默化的影响更大，更易于接收传统主流媒体所倡导的主流价值观。所以传统媒体要积极向线上延伸，满足他们的新需求。家庭文化反哺缓解了代际冲突，有助于两代人更好地沟通、传达自身的观点，所以，媒体融合要借助家庭文化反哺，满足年长一代的信息消费需求，推动家庭文化正哺，使优秀传统文化通过渗透、启发的方式被年轻一代接受。

总之，媒体融合要积极推动家庭文化正哺和反哺共同发展，缩小两代人之间的数字鸿沟，进而推动优秀传统文化和主流价值观渗透到家庭文化中。

2.5　传统媒体融合发展的竞争优势

目前，媒体融合已经入深水区，传统媒体与新兴媒体融合中马太效应突显，在布局顶层设计上，要满足时代发展、国家发展对媒体融合提出的新要求，就要从自身优势出发，使优质内容优势、在地资源优势、文化资源优势和政策优势形成合力，进而在打造品牌、掌握数据资源、参与产业融合、获取稀缺资源等方面形成独特竞争力，推动媒体融合顶层设计的落实。

2.5.1　挖掘优质内容延伸品牌价值

在万物皆媒的移动智能时代，媒体的载体功能逐渐弱化，其所承载的内容价值不断突显。从内容生产者角度看，主要包括用户生产内容（UGC）和专业生产内容（PGC），新兴媒体建立在互联网基础之上，其充分利用互联网的开放、共享、互动的特性，为用户提供生产内容的平台，低准入创作门槛为新兴媒体带来了大量 UGC，并获取了更多用户。但是，由于UGC涉及领域多、质量参差不齐，造成了审核成本的增加，而且存在版权问题对新兴媒体造成了负面影响。

新兴媒体提供内容生产平台带来大量UGC，但是1%的人生产内容给99%的人看的规律并没有改变，优质的内容原创者仍然稀缺。新兴媒体开始由内容聚集向内容沉淀发展，互联网公司加大对内容的扶持，网易采取差异化策略，在内容上深耕垂直领域，于2017年推出“特色内容激励计划”，激励垂直领域的位于行业中腰部梯队的作者生产高质量原创内容，推出一年后签约了2000多个特色账号并为其带来20多万篇原创内容，总阅读量超过2.5亿。今日头条重视内容创作者尤其对新人作者的扶持，并在内容扶持上推出了十几种收益方式，比如悟空问答收益、音频内容收益、用户打赏收益、付费专栏收益等，最近又推出了“新作者扶植计划”，通过征文评选并签约50名优秀新人作者，提供保底4000元，最高10000元的收入，希望签约一批专业的原创内容创作者沉淀平台内容，出现了向传统媒体专业化内容生产模式发展的趋势。

报纸、广播、电视台等传统媒体采用PGC的内容生产模式，内容优势是其核心竞争力，具体体现以下几个方面：一是内容的权威性和公信力，传统媒体在内容传播上受相关部门的监管较严，要遵循严格的内容发布要求，长期以来形成了成熟的信息采编发体系，并且拥有专业的采编发人才队伍，保证内容的质量及其所承载的价值与主流价值相一致，所以传统媒体传播的内容给人留下权威、可信的印象，这是传统媒体与新兴媒体竞争中最大的利器。腾讯企鹅智酷的《内容生长新原力：中国新媒体趋势报告（2018）》显示，接近3/4的用户对资讯类APP的内容比较信任，传统媒体中电视台和纸媒分别以65.5%和37.9%的信任度排名第二、三位，而个性化内容分发APP和社交网络的信任度覆盖率均未超过1/4。二是内容的原创性和专业性，传统媒体掌握着新闻采编发布权，《互联网新闻信息服务管理规定》明确指出，报刊社、广播电台、电视台、通讯社和新闻电影制片厂这些新闻单位才有资格提供互联网新闻采编发布服务，传统媒体作为新闻信息的生产来源，具有原创的优势，又基于其具备专业的新闻采编人才，在新闻报道上更加专业，为其他媒体转载、传播提供真实、可信的信息来源。三是内容的深度，从海量的信息中选出有效内容可以节约用户的时间和精力。传统媒体虽然时效性不如互联网商业媒体，但是通过专业团队对信息进行核实、跟踪报道从而对内容进行深度解读，发表观点鲜明的评论，帮助人们过滤虚假、夸大等干扰信息，给人们带来更多附加值。此外，深度内容相对于碎片化内容更能够还原整体事件，让人们了解事件的真实情况，满足人们对事实的追求。

内容生产成本逐渐降低，但人们对于优质内容的追求并没有降低。信息消费在我国总消费的比重逐渐增大，优质内容作为信息的重要组成部分，对于个人提升自我、企业进行正确的商业判断、国家文化软实力的提升意义重大。传统媒体在专业化的新闻传播理念指导下，对内容负责，提供优质内容，在内容权威性、公信力、专业性、原创性及内容深度具有较大优势，由此长期积累为其带来品牌知名度。品牌延伸成本低且具有价值增长潜力，传统媒体要充分利用内容优势延伸品牌，发挥品牌价值最大化。

2.5.2　利用在地优势获取数据新动能

互联网加速了人与人、人与物、物与物之间的互联互通，从而渗透到人们“衣食住行游购娱”等方方面面，以人为主体展开的生活生产活动使社会各要素相互联系，影响着社会的正常运转，人们通过网络与更多要素进行连接，产生了更多数据资源。马云曾提出5个“新”，即新零售、新制造、新金融、新技术和新能源，称它们将会对未来各行各业带来巨大影响，其中“新能源”指的就是数据，数据在使用过程中将会产生新的数据，是一种可再生资源，是越用越值钱的资源，未来世界的竞争核心是数据的竞争。

数据不仅是一种资源，更是一种强大的生产力，大数据技术、云计算、人工智能的应用都是以数据作为底层支撑，5G 商用使数据的价值进一步挖掘。数据的生产力体现在两个方面：一是赋能决策，运用大数据、云计算可以帮助国家进行精准决策、企业进行商业决策、个人进行个性化决策，如今日头条就是充分利用算法，对用户的阅读行为数据、抓取的海量内容数据进行挖掘、分析，实现信息与用户兴趣爱好相匹配，满足用户个性化阅读的需求，迅速占领市场并处于领先地位；二是赋能人工智能，人工智能改变了媒体的运作方式，据《人工智能在内容行业的应用》显示，人工智能与内容生产、审核、分发及人机互动、广告分发相结合发挥着重要作用，可以实现 3 秒生成一篇快讯，1 秒审核 100 篇文章，每天可以发布 120 万条文章，提高了内容运作效率，给传媒行业带来增长空间。而人工智能的实现离不开大量数据的支撑，对于新浪新闻 APP 实现连续 13 个季度的用户增长，新浪首席信息官表示得益于新浪 20 多年的内容数据和 10 多年的社交媒体数据。

数据互通共融有利于发挥更大价值，要构建以数据为关键要素的数字经济，推动实体经济和数字经济融合发展。2013 年，国家发布《关于促进信息消费扩大内需的若干意见》，提出要促进公共信息资源的共享和开发利用，鼓励引导公共信息资源的社会化开发利用，挖掘公共信息资源的经济社会效益。这为传媒行业发展带来了机遇，我国政府部门通过对政务信息的采集、管理，掌握着 80% 的社会信息资源，若把这些数据资源实现共享，将加快大数据在社会治理中的应用。

传统媒体作为政府引导舆论的主要阵地，与当地政府关系密切，二者都承担着引导舆论的责任，在社会治理中有着共同的社会利益。所以，传统媒体要积极抓住政务新媒体建设的机遇，凭借自身专业人才资源、内容资源和完善的信息审核机制与政府部门进行合作，获取宝贵的社会信息数据，而这些数据正是互联网公司难以触及的。长期以来，互联网商业平台领先使用算法、人工智能等技术掌握了大量的用户数据、商业数据，传统媒体由于渠道的局限所拥有的内容数据、市场数据等还不足以达到使用大数据技术的地步。因此，传统媒体与政府部门加强合作，可以解决自身数据不足的问题，获得更大的发展空间，使媒体融合推动主流价值引领的作用真正得以发挥。

2.5.3　发挥文化资源优势参与产业融合

根据马斯洛的需求层次理论，人们消费文化产品属于精神层面的消费，为满足其较高层次的需求。随着我国经济实力的提高及人均可支配收入的增长，人们对精神文化的需求不断扩大，2018 年，我国居民人均教育文化娱乐消费支出是 2226 元，占人均消费支出的 11.2%，增长了 6.7%。综合国力的增强、技术的进步带动了消费结构升级，文化产业和实体经济的融合已成为新的经济增长点，我国在 2014 年发布《国务院关于推动文化创意和设计服务与相关产业融合发展的若干意见》，要求“增加消费品的文化内涵和附加值，健全品牌价值体系”“强化文化对信息产业的内容支撑、创意和设计提升”“大力推动传统文化单位发展互联网新媒体，推动传统媒体和新兴媒体融合发展，提升先进文化互联网传播吸引力”。传媒业作为文化产业的重要组成部分，要与信息消费升级相适应，提供符合社会主流价值观并且具有创意的文化产品和服务，成为推动国家文化软实力的重要抓手。

文化创意与相关产业地融合在传媒业上体现为文化融合，也就是媒体生产者和消费者之间的文化融合。媒体传播的信息产品和服务背后承载着文化这一潜在附加值，互联网改变了过去传统媒体单方面传播文化的状态，并且为内容消费者提供了表达思想观点的空间，互联网新媒体在与内容消费者互动中带来文化的碰撞，于是在网络空间形成多元化的文化，比如粉丝文化、表情包文化，中国文化的包容性使多元文化并存，网络热词的流行背后是民意的表达，互联网商业媒体在推动网络文化形成中发挥着助推作用，但是由于其追逐经济利益的本质，不可避免在引导人们形成正确价值观、汲取优秀文化上存在缺陷，比如某短视频APP 提供一分钟以内的短视频，填补人们碎片化的时间，很多头条视频被娱乐、生活类内容占领，虽然该短视频 APP 开始尝试对知识科普类内容开放 5 分钟的时长权限，但是快餐式的内容消费方式无法帮助人们形成系统的知识。

文化作为一个国家的软实力，对于增强民族自信心、促进经济发展、展示国家形象起着十分重要的作用，从历史上看，以书、报、刊为载体的传统媒体被认为是文化价值的承载者，互联网虽然对传统媒体的载体带来冲击，但是长期以来形成的文化价值已经渗透到传统媒体的经营理念、组织价值观念、内部员工精神状态等多个方面。在媒体融合中，传统媒体作为信息服务、价值引导、文化传播的综合体，和文化进行融合具有天然的优势。因此，在国家推动文化产业融合发展中，传统媒体要充分利用自身文化融合的优势，与相关产业进行融合。不同地区拥有独具特色的文化资源，目前国家大力推动文化产业的发展，传统媒体要顺应发展趋势，借助自己文化传播能力争取有力的政策支撑，与各地文化资源相结合，共同打造当地文化产业，丰富人们的精神生活，助力国家文化软实力的提升。

2.5.4 借助政策优势增强竞争能力

媒体融合是文化体制改革的延续，2003 年我国着手推动经营性文化事业单位转企改制，希望推动经营性文化事业单位走向市场，做大做强，但是由于改革中遇到困难和阻力，转企改制后的国有文化企业受原有体制机制的影响，市场竞争力并没有达到“做大做强”的要求。随着互联网兴起，带动一批网络新兴媒体的壮大。来自艾瑞咨询的数据表明：2013 年网络广告收入超过 1100 亿元，仅次于电视广告收入。同期，腾讯的 2013 财务报表显示，其经营盈利为 191.94 亿元。传统媒体面临着严重的市场挑战，同时作为国家可管可控的传统媒体发挥着引导主流意识形态的作用，经济实力弱直接关系到传统媒体的影响力，面临着新兴媒体不断壮大，国家在 2014 年出台《关于推动传统媒体和新兴媒体融合发展的指导意见》，主要是为了推动传统主流媒体做大做强，巩固舆论主阵地。

媒体融合上升成为国家战略，从中央到地方加大对传媒业的政策和资金支持，一是从资金补贴上增加投入，从中央上看，2016 年中央财政下发 44.2 亿元作为文化产业发展专项资金，其中 28.6 亿元投入到媒体融合的重点项目中；2017 年，《新闻出版广播影视“十三五”发展规划》指出，要扶持重点主流媒体的创新思路，支持党报党刊、通讯社、电台电视台建设统一调度的融媒体中心、全媒体采编平台等“中央厨房”，统筹推进媒体结构调整和融合发展。各地政府和党委也在加大对传统媒体的扶持，如重庆市委市政府每年给《重庆日报》财政拨款 1 亿元，深圳市在 2016 年提出连续 6 年每年给深圳报业集团 1 亿元的财政资助，广州日报报业经营有限公司在 2016 年时收到广州市财政补贴 3.5 亿元。

二是给予税收优惠政策，2018 年国务院印发《文化体制改革中经营性文化事业单位转制为企业规定》，为推动文化体制改革，对经营性文化事业单位转为企业后，实行 5 年内免收企业所得税的免征优惠；由财政部拨付事业经费的经营性文化事业单位转为企业后，对其自用房产 5 年内免收房产税。同时规定，经省级政府批准，2020 年年底前省属重点文化企业可免缴国有资本收益。

三是在资本运作上基于政策支持，2018 年出台的《进一步支持文化企业发展规定》提出，通过公司制改建实现投资主体多元化的文化企业，符合条件的可申请上市。鼓励符合条件的文化企业进入中小企业板、创业板、新三板、科创板等融资。同时，鼓励文化企业通过债务融资工具扩大融资规模。

四是加强对互联网新兴媒体的规范，为传统媒体营造相对公平的市场环境，比如在短视频方面发布了《关于进一步规范网络视听节目传播秩序的通知》整顿短视频侵犯版权和内容不符规范的现象，2018 年还制定了《网络短视频平台管理规范》《网络短视频内容审核标准细则》。在版权保护方面，我国从 2005 年就开启打击盗版侵权的“剑网”行动。

2019 年，中央政治局第十二次集体学习再次强调，各级党委和政府要从政策、资金、人才等方面加大对媒体融合发展的支持力度。传统媒体要抓住媒体融合的机会，利用政策、资金、税收等红利，向文化企业转型，向打造具有强大竞争力、影响力的新型主流媒体发展。

2.6 媒体融合顶层设计落实的路径

媒体融合的顶层设计是在明确的原则理念指导下，从宏观战略角度出发并考虑实践层面的具体操作性。国家多次强调，打造一批形态多样、手段先进、具有竞争力的新型主流媒体，从媒体融合顶层设计的现状看，多数媒体把打造新型主流媒体、新型传播平台作为融合的具体目标，从内容、渠道、平台、经营、管理等方面做了融合规划，提升了传播力、影响力并通过开展多种业务缓解“二次售卖”商业模式塌陷带来的生存压力。

但是，随着全媒体时代的到来，国家对媒体融合提出新要求，首先传媒业在融合发展中要跳出打造新型主流媒体的外在表象，将行业发展置于国家发展中，当下新型主流媒体要以加强网络空间主流意识形态为首要任务，通过内容、产品、服务的升级优化满足用信息消费的新需求，成为推动数字经济的重要组成部分。其次，在规划顶层设计时不仅要考虑国内舆论传播主战场，还要重视国际传播的网络空间，讲好中国故事。最后，传媒业拥有文化资源的天然优势，承担着文化传承的责任。面对媒体融合顶层设计落实效果不理想的状况，媒体可以在充分利用自身优势的基础上，从以下 4 个方面推动顶层设计的落实，其中智能技术贯穿全程。

2.6.1　大数据平台重塑用户连接

目前，我国超过 99% 的网民使用手机上网，“移动优先”已成为媒体融合的重要策略，传统媒体在布局移动互联网上已形成“两微多端”、打造多元化产品矩阵的格局，但是与互联网商业媒体的影响范围相比仍有差距，因为一些媒体对“移动化”“移动优先”的认识不足。要认清“移动优先”策略的使用目的，它不仅是为了开拓移动互联网新渠道，更是为了解决原有渠道失灵带来的用户流失及由此带来的舆论引导能力弱化。

运用“移动优先”策略，首先要掌握其内涵，它具有移动化、社交化、可视化、个性化的特征。移动化是指移动互联网的任何载体、渠道、平台等都应该成为信息传播的主要渠道，这就要求媒体在融合中把人力、物力、资金等放在移动互联网布局上。“移动优先”必须把握社交化的趋势，CNNIC 数据显示，2018 年移动网民常用的各类应用中，使用时间最长的是即时通信类应用，占比为 15.6%；2018 年 12 月，微信的月活用户数是 10.2 亿，QQ 是 6.5 亿，微博是 3.2 亿，可见人们对社交服务的需求，目前移动互联网巨头掌握着大量用户，传统媒体要把用户吸引到自身平台上，就要把内容、互动、服务结合起来，满足用户社交化的需求，增强用户黏性。可视化是指重视内容呈现方式可视化，2019 年移动视频行业渗透率高达 96%，在线视频和短视频成为新的用户增长点，随着 5G 商业的到来，移动视频将会有更大的市场空间，所以传统媒体要重视内容可视化，特别要重视短视频的呈现方式。个性化是将海量信息和用户精准匹配，达到精准传播，满足用户个性化需求，实现精准推送，一定是在拥有用户大数据、信息大数据等数据资源的基础上，才能实现进一步应用大数据分析和人工智能算法推送。传统媒体入驻第三方移动平台虽然扩大了传播范围，但是用户行为、信息传播等数据掌握在第三方平台手中，所以传统媒体必须搭建自主可控的移动传播平台。

坚持“移动优先”策略，除了布局第三方移动传播平台，最重要的是搭建大数据平台，重新建立与用户的连接。大数据平台是一个完整的体系，维系其正常运转的要素是数据平台、产品入口和用户，其中数据平台作为后台提供技术支撑；产品入口是呈现在用户面前的各种产品，是连接数据平台和用户的关键；用户是推动整个系统正常运转、各要素形成闭环的核心。

数据平台作为底层架构，为实现内容精准分发、个性化推送提供技术支撑，建设数据平台要同时具备大数据资源和技术。在大数据资源利用方面，包含数据采集、数据处理、数据存储和数据分析 4 个环节。进行数据采集是首要环节，按照内容生产和传播、消费的过程，可以把数据分为内容大数据和用户大数据。媒体机构掌握着丰富的内容大数据，即在内容采集、编辑、分发、传输、交易、管理中产生的数据及内容本身也是数据。对于用户大数据，媒体机构要充分把已有的受众订阅数据、交易数据及调查统计的反馈数据聚合到一起，同时充分利用政策资源优势，通过与当地政府部门合作获得公共服务信息数据。以上都是从内部进行数据采集，还要对第三方平台使用过程中产生的数据、公开的网站数据进行采集，丰富数据库。同时要注意，数据采集并不是越多越好，要根据自身平台定位按需采集，一是为了减少对数据处理环节带来过多无关数据，二是减少存储空间的存储压力。

数据处理、存储、分析都需要大数据、云计算、人工智能等技术的支撑，不同地区经济发展情况影响着媒体融合的进度，为减少经济对技术的制约，中央媒体到地方媒体之间要形成技术合作，采取差异化策略。中央级媒体要打造成覆盖全国并且具有国际影响力的新型传播平台，必须研发自己的核心技术，充分利用最新技术，比如中央广播电视总台把握 5G 机遇，以“5G + 4K + AI”驱动融合；省级媒体要集中力量打造面向本省及周围地区的区域型新型传播平台，需要建设为全省地方媒体提供服务的技术平台，如“安徽媒体云”是安徽省新媒体集团打造的服务全省媒体集中发布和资源共享的基础平台，为入驻媒体提供全方位技术服务；地方媒体可以选择与中央级媒体、省级媒体的技术平台合作的方式获取技术支持，即处理好中央媒体和地方媒体的关系。县级媒体要把握国家推动县级融媒体中心的机会，有效整合本地媒体资源，以服务本地为重点，在技术运用上坚持集约、实效，不要追求大而全的硬件布置。

产品直接面向用户，就要接受市场的考验，所以媒体要遵循移动互联网传播规律，树立用户思维、产品思维。作为引入用户数据的入口，前端产品要满足三个条件，一是与用户的接触机会足够大，所以传统媒体仍要和用户数量大的互联网平台合作，扩大与用户接触的范围，同时打造自身品牌，将微信、微博等视为自身品牌的延伸，形成品牌产品矩阵，在此基础上宣传自己的产品，有形产品如客户端、网站，核心产品如内容、服务。二是能够满足用户需求，这是留住用户的关键，所以要适应市场的需求，首先满足用户社交化、可视化的需求，为用户提供互动的入口，制造话题引导互动，在内容呈现上采用短视频、直播等方式；其次，要拥有核心竞争产品，即其他媒体所不具有的服务，所以各级媒体要根据自身定位利用好新闻采编权优势、内容权威性优势及在地资源优势，如基层媒体直接面向本地提供的本地化硬新闻，是其他媒体难以触及的。三是要提升用户体验，用户体验良好不仅能够增加用户黏性，沉淀用户，还会在用户之间形成口碑，基于用户关系的人际传播是推广产品的最佳方式。媒介是人的延伸，技术的发展丰富了人们的体验，媒体要利用数据平台提供个性化推送，快速满足用户需求，同时在利用 AR、VR 等技术丰富用户体验时，要结合具体的产品情况，不能为了使用新技术而使用，否则可能适得其反。

用户是有鲜明个人特征的个体，同时也是一种数据，更是一种宝贵的资源。大数据平台建设主要是为了重新连接用户，前端产品基于数据中心的技术及不同媒体所具有的特色服务，吸引用户沉淀用户，在此过程中会产生用户大数据，将这些数据聚集到数据中心，进一步完善用户画像，提升用户服务质量，从而增加用户忠诚度并通过人际传播促进品牌产品推广，带来商业价值，形成产品闭环。有了用户就有市场，打造大数据平台可以实现社会效益和经济效益双重收获。

2.6.2 深度服务赋能优质内容

推动媒体融合发展，要处理好大众化媒体和专业性媒体的关系，推动二者协同高效发展。大众化媒体面向普通公众提供综合性信息，党报、都市报、综合频道等大多数属于大众化媒体，比如《人民日报》、南方周末。除此之外，政务新媒体也是面向一般受众提供服务，属于大众化媒体。专业性媒体面向某一专业或行业内的专业人士提供垂直内容，以内容深度和专业性见长，目标人群较为集中，比如财经新闻的受众定位是专业投资者、高级知识分子、财经爱好者及有财经需求的普通大众。二者在内容深度和用户范围上有所差异，但是在媒体功能上相互补充，共同构建公共传播空间，比如对于涉及公共利益的事件，由于大众化媒体发布快，能够先把信息传递给一般公众，随后专业性媒体进行专业性解释，让公众进一步了解、参与事件跟踪，大众化媒体和专业性媒体发挥各自优势，有助于公众参与社会治理，推动社会发展。

互联网的广泛应用改变了原有的媒体格局，具有碎片化、浅阅读、互动性特征的社交媒体成为人们获取信息的主要方式，网络不受时间地点限制连接着网民，一个热点事件可以瞬间传达到网络各个角落，同时也快速被下一个热点取代，被人们遗忘。公众注意力被社交媒体、商业媒体分散，娱乐化、消费化信息充斥着人们生活，一定程度上弱化了媒体连接公众参与社会监督、治理的功能。目前，内容泛滥但优质内容依然稀缺，大众化媒体和专业性媒体可以在优质内容延伸出的领域提供服务，实现“内容 + 服务”共同发力推动融合进度。

（1）大众化媒体向综合性服务平台发展。

与互联网媒体相比，传统的大众化媒体时效性减弱，以往提供短平快信息的优势不再，但是传统媒体凭借优质内容带来的权威性、公信力，给公众留下可信度高的印象。互联网商业平台在信息服务领域充分利用大数据和人工智能，精准分析“用户画像”，从而为用户提供满足其兴趣爱好的个性化信息，但是在解决媒体议程设置存在不足的同时，也带来了“信息茧房”的隐患。由“使用与满足”理论可知，人们使用媒介是为了从中得到满足，对照移动互联网出现的社交化、视频化趋势，可知大多数人上网是为了休闲娱乐，算法推送带来的“信息茧房”会进一步加剧人们休闲娱乐化的倾向。像一些内容分发平台提供的内容质量较低，长期以来不利于用户汲取有营养的内容。所以拥有优质内容的大众化媒体要积极搭建平台，从内容源头上保证质量，降低个性化信息推送带来的负面影响。同时也要认识到，优质内容已经不能成为吸引用户的主要因素，提供满足用户切实需求的服务才能打通用户入口。

对于大众化媒体而言，所谓的个性化服务不仅要做到线上信息的个性化推送，更要提供线下便民利民的个性化服务。面向全国公众的大众化媒体可以为个人提供会员服务，为企业提供决策服务，为政府部门提供政务新媒体运营服务，为其他媒体提供技术支持服务。面向区域公众的大众化媒体在长期经营中与订阅用户、报刊亭、邮局之间形成线下联系，积累了社会资源，拥有线下渠道优势，在提供社区服务上具有很强竞争力，可以通过“内容+平台+渠道+社区服务”的方式连接用户，北青社区传媒公司已取得成功经验，它采取“社区报+社区驿站+OK家”的策略，针对不同社区定制社区报，并以免费赠阅的方式进行宣传推广，社区驿站直接接触居民提供服务，“OK家”APP作为线上平台连接着社区报、社区驿站、居民及合作伙伴。2018年时“OK家”APP的注册人数达到70万，为北京1500个小区提供服务。

县级媒体多是面向本地居民的大众化媒体，可以借鉴“平台+服务+线下渠道”的模式服务本地。2018年，国家提出建设县级融媒体中心，“努力把县级融媒体中心建成主流舆论阵地、综合服务平台和社区信息枢纽”，所以县级媒体要把握政策红利，将自身品牌价值、本地社会资源、线下渠道、融媒体中心相结合，从服务入手，加强与用户之间的连接，通过县级融媒体中心实现渠道下沉，进而实现从中央到地方媒体与用户的连接，形成现代化传播体系。

（2）专业性媒体深耕垂直领域，建设智库。

早在2013年，我国就开始重视智库的建设，在党的十九大报告中对新型智库提出新定位，要求智库围绕着社会主义意识形态建设，充分发挥舆论引导、社会服务的作用。这与媒体融合发展的目的相一致，媒体在智库建设上具有自身优势，相比于高校、党政部门，媒体智库具有更贴近公众、具有专业平台扩大智库影响力、知名度的优势。

在各类媒体中，专业性媒体聚焦在垂直细分领域，在内容深度、专业性上具有独特优势，面对个性化、分众化趋势，专业化服务成为个人、企业乃至不同政府部门的需要，相比于大众化媒体，专业性媒体的采编人员除了掌握一般的新闻采编知识，还具备专业和行业内相关知识，所以在建设智库上既具备一定专业研究能力，又可以用较为通俗易懂的方式使智库产品被人们接受，有助于智库发挥舆论引导的作用，对于推动融合转型也起到促进作用，比如新华社的瞭望智库，开始是财经类媒体《财经国家周刊》的“瞭望智库事业部”，后来独立出来成为单独板块，目前已成为国家高端智库，并打造了一系列产品，在社会效益和经济效益上取得良好成效。

打造传媒智库，有助于推动专业性媒体吸纳人才和升级内容优势。由于专业性媒体面向特定行业或专业领域的用户，在特定领域具有专业权威性，用户多为特定领域的精英分子且忠诚度较高，所以专业性媒体建设智库有助于进一步满足用户的需求，还可以借助自身品牌将优质用户转化为媒体智库的人才。此外，媒体智库是以专业性内容为起点展开建设，又在发展过程中提高了内容产品质量，进一步增强内容优势。

2.6.3　智能技术打造四全媒体

全媒体不断发展，出现了全程媒体、全息媒体、全员媒体、全效媒体，信息无处不在、无所不及、无人不用，导致舆论生态、媒体格局、传播方式发生深刻变化，新闻舆论工作面临新的挑战。推动媒体融合向纵深发展，要顺应全媒体的发展趋势，让智能技术贯穿全媒体打造的全过程。

（1）策采编发流程重构，打造全程媒体。

移动互联网使信息超越时空界限触及每个人，“全程”是指新闻事件发生发展的全过程，所谓全程媒体，是从时空维度要求媒体全过程、全方位、多角度参与新闻事件尤其是公共事件，而传统的线性信息生产流程达不到全程媒体的要求。因此，必须重构策采编发流程，使媒体全程参与到公众关注的新闻事件，不仅有助于还原事实真相，还在与公众即时互动中实现官方舆论场和民间舆论场的沟通。

打造全程媒体，媒体在新闻事件发生时，立即安排采编人员进行采访报道，把握时效性，从短消息报道到长消息再到深度消息逐渐深入，同时采取图文、短视频、直播等方式在报道全过程中与用户沟通、互动，引导用户全程参与。这虽然有助于丰富新闻报道，提高用户参与度，但还未达到全过程参与的要求。在重构策采编发流程上，《人民日报》的“中央厨房”提出“一次采集、多种生成、多元传播”得到广泛关注，引起多数媒体跟随，但是存在把人员集中在一起办公、增加大型显示屏等表层。策采编发流程是新型传播平台的重要组成部分，要彻底改造才能推动新型传播平台发挥作用。浙江日报报业集团实现了彻底的策采编发流程再造，使“媒立方”平台实现常态化运作，借鉴其经验，其他媒体可以从两个方面入手，一是重视技术，把大数据技术运用到信息策划、采编、分发、用户互动、效果监测的全过程中，还要提供条件加强采编部门和技术部门的沟通、合作；二是设立统一指挥调度中心，采用合适的采编制度，如浙报集团采取早中晚开三次采编会议的“三会制度”。总之，要积极运用技术，从内部改造策采编发流程，实现媒体全程参与新闻事件，与用户沟通交流把握舆情，进而发挥引导舆论的作用。

（2）技术丰富用户体验，打造全息媒体。

伴随着信息消费升级，人们对媒体的需求已经从为了获取适应社会所需信息发展到对信息使用体验的追求。这也是技术快速革新带来的结果，麦克卢汉指出，媒介是人的延伸，文字图片延伸了人的视觉，音频延伸了人的听觉，视频满足人们视觉和听觉两种感官需求，AR、MR、VR 连接真实世界和虚拟世界，调动人的多种感官，带来沉浸式体验。

全息媒体是基于技术维度，增加物理世界和网络世界的连接，在媒体产品的呈现形式实现多样化、立体化，为用户带来沉浸式的使用体验，也就是让用户以最低成本获得最大化信息并且以最舒适的状态进行信息消费。打造全息媒体就要充分利用技术，提供立体化信息产品，并且寻找技术使用的最佳场景。在信息产品呈现形态上，媒体要涵盖文字、图片、图表、音频、视频等多个方面，可以利用大数据打造数据新闻，以可视化、更为简洁的方式展现新闻；可以利用人工智能技术采用机器写作，目前人工智能处于初级阶段，机器写作已经用于天气、体育等方面，5G 的兴起会使人工智能进一步发展，所以要把握 5G 机遇，挖掘人工智能在信息生产上的潜在空间。

提供立体化信息产品之外，媒体可以布局智能硬件市场，5G 超高速、低延时的特征能满足 AR、VR 设备对传输速度的要求，并且可以提高视频内容的质量，使 4K 超高清视频业务得到突破，比如实现 4K 直播信号快速传输。广电媒体可以利用“5G + AI + 4K”的技术红利，布局家庭智能终端，以家庭为应用场景，以智能电视终端为窗口提供服务，以移动端的多种应用为切入口连接智能电视终端和用户，大屏小屏相结合，推动电视向社交化、互动化电视发展。

在打造全息媒体时还要结合自身经济实力，新技术可以带来更多市场机遇，同时成本也比较高，所以在应用新技术时要充分考虑成本和需求的关系，广电媒体要利用政策优势争取更多资金、社会资源，布局智慧家庭场景，从而获取用户数据，取得更多传播收益。

（3）激发用户参与传播，打造全员媒体。

如今人人都是传播者、分享者，全息媒体要实现全员参与、全体互动、全面传播，这是从社会维度来讲，所谓全员参与不仅要求媒体内部员工全部参与，更是要激发全体社会成员参与内容的生产、传播。每个人作为社会连接的一个节点，都具有媒体属性，打造全员媒体将网上的虚拟世界和线下的现实社会打通，最终实现全员参与社会治理，推动我国社会治理体系现代化。

人们在适应社会的过程中，通过分享、沟通达到协作分工，使自己更好地生活。作为社会化的个人，具有天然的表达欲和分享欲，维基百科的词条由世界各地的网民自由编撰，并且向网站要报酬，知乎、贴吧的内容也多来自网民的分享，这在说明人们具有分享精神的同时，也说明用户参与内容生产、分享能够丰富平台的内容。用户生产的内容在质量上参差不齐，但这与用户参与内容生产、传播带来的积极作用相比，显得微不足道，正如《认知盈余》的作家克莱·基恩所说的，每个人所分享的内容只不过是谈资而已，人与人之间的对话才是关键。引导全员参与媒体内容的生产、互动、传播，最重要的是利用人与人之间的关系，实现传播效果最大化，社会效益最大化。

打造全员媒体，首先媒体内部人员要转变观念，主动接触各种媒体。其次，媒体要提供能激发用户参与热情的产品和服务，比如封面新闻基于教育大数据和人工智能等技术，推出“封面新闻高考志愿小助手”，澎湃新闻推出“问吧”专栏。虽然调动了用户参与性，但还未达到全员参与，所以传统媒体要与新兴媒体合作，利用自身品牌优势和新兴媒体的用户量大的优势，更大程度调动全员参与。最后，全员媒体的打造离不开技术的支撑，要利用人工智能算法技术，增加用户与信息的关联，增加用户之间的关系，形成全民关系网络。

（4）建立融合评估体系，打造全效媒体。

全效媒体中的“全效”包含传播效率、传播效果、传播效益，要实现这三者共同达到最佳值。具体来讲，达到传播效率最佳，就是打通各种渠道，在最短时间内通过合适的渠道实现信息与用户的精准匹配；达到传播效果最佳，就是在满足用户基本信息需求的同时，实现用户体验最佳，能够带动用户参与互动、分享；实现传播效益最佳，是指通过传播带来社会效益和经济效益相统一并达到最佳。

打造全效媒体，要建立融合评估体系，通过评估体系对融合效果能够有一个相对清晰的认识，从而发现不足进行针对性的改进。由于全效媒体是基于全程媒体、全员媒体、全息媒体的实现而形成的，所以可以从这三个角度分析融合评估体系的构建。从全程媒体角度看，重视媒体内部流程的再造，在效果上体现为舆情引导情况，可以根据新闻事件的传播速度，各个传播渠道上的阅读数、转发数、评论数，虚假消息数量，辟谣效果，舆情走势进行评估；从全息媒体的角度看，侧重技术使用对用户体验的影响，要考虑不同场景下的技术使用带来的用户满意度、技术投入成本和经济收益的关系；从全员媒体角度看，侧重建立用户关系网络，要考虑用户参与互动的内容、时间、地点及所涉及关系人的情况，所提供的产品服务的用户使用情况、满意情况及产品服务带来的社会影响力和经济收益。

全媒体是技术驱动带来的结果，所以打造“四全”媒体，要将大数据、人工智能、云计算、5G 等技术运用到新型传播平台构建、综合性信息服务及用户关系网络分析的各个环节中。

2.6.4　跨界融合构建产业生态

（1）业务融合服务社会治理。

无论是传统媒体还是新兴媒体的运营发展都离不开经济支撑，传统媒体的广告和发行收入已经难以维持其正常运转，据《2018 年新闻出版产业分析报告》显示，报纸广告收入跌破百亿，只剩下 2011 年的 15.7%，降幅达 30.3%，广告资源量减少 34.1%。在传统媒体广告市场上，2018 年全年传统媒体广告花费同比下滑 1.5%。传统媒体赖以生存的广告业务和发行业务面临着挑战，因此要开展新业务，支撑融合发展。

新媒体兴起带来新的商业机遇，在开拓新业务寻找新的收入增长点时，既要向互联网商业公司借鉴，又要结合自身情况，选择合适的新业务，比如《人民日报》早期进入搜索行业，投入近 20 亿元做“即刻搜索”产品但收益甚微。目前移动互联网向社交化、视频化发展，传统媒体在发展社交业务、视频业务时要考虑清楚不同业务的出发点和目的。就社交业务而言，腾讯以社交服务为核心业务，打造微信和 QQ 两款核心产品，投入成本高但带来的利润很少。从腾讯的战略规划上看，其以用户连接和投资为主业，战略思路就是利用微信和 QQ 连接用户，再将用户连接到游戏、娱乐、购物等领域；在投资方面，依靠用户连接把流量引入投资公司，增加其价值从而获取收益。从中可以看出两点：一是连接用户的重要性，二是社交业务作为主业之一带来的直接盈利有限，但却贯穿腾讯整个体系，为其投资和延伸业务带来无限可能。

传统媒体面临着用户流失的问题，在开展社交化业务上要以“连接用户”为目的，面对难以从第三方平台引流线上用户的问题，传统媒体要重视线下渠道优势，特别是基层媒体，虽然面对快手、趣头条、拼多多的冲击，但是具有可信度、在地资源优势、县级媒体融合的政策优势。可以为本地生产商和消费者搭建平台，提供电子商务服务，推动本地实体经济的发展，同时在自建平台上积累了商业数据、用户数据，实现与用户的连接。

媒体要创新提供信息服务这一基本业务，可以借助内容优势，提供内容审核业务，比如人民网入股铁血网科技，为其提供内容审核业务，从中收取相应的费用，最重要的是能够实现对网络媒体的内容把关，有助于营造良好的网络空间。此外，在融合发展中要进行新突破，比如提供决策支撑服务，中央级媒体拥有更多的政策、资金、人才、技术资源，可以打造媒体智库面向国家和企业提供战略决策支撑、大数据智能分析等业务。随着新技术涌现，实力强的媒体可以在技术上加大投入，向打造全息媒体发展，在此基础上开展大数据服务业务、技术平台搭建业务等技术服务。

业务融合要处理好主业和新业务关系，最佳方式就是围绕着战略目标发展新业务，这样既可以解决主业、副业“两张皮”的问题，也是快速实现战略目标的有效路径，媒体融合是为了加强网络空间主流意识形态建设，维护国家安全，在推动数字经济发展、智慧城市建设、社会治理体系现代化及国家形象塑造上发挥强大推动作用，所以媒体可以从以下几方面考虑新业务：一是发掘信息价值提供增值服务，如版权业务；二是参与智慧城市建设提供民生服务，如社区服务、文化服务、教育服务；三是参与政务新媒体建设，面向政府部门提供新媒体运营服务、技术服务，面向用户提供政务服务；四是面向国家提供战略决策服务。从这 4 个方面开拓新业务，将会推动社会治理体系现代化建设。

（2）产业融合扩大市场空间。

互联网的出现打破了不同产业的边界，移动互联网、物联网的发展使产业之间的连接进一步加强，4G 主导下的消费互联网实现人与人之间的连接，5G 的到来能够真正实现万物互联，企业内部的人员、应用、设备等连接在一起，推动着消费互联网向产业互联网发展，带来更大的市场空间。党的十九大报告指出，建设现代化经济体系，必须把发展经济的着力点放在实体经济上，推动互联网、大数据、人工智能和实体经济深度融合。

科技与实体经济的融合，会带来实体经济向线上发展，使线上服务和线下场景相结合，从而创造出更多的应用场景。这对于提供信息服务的传媒业来说是改变现有产业格局、推动融合发展的良机，一方面，可以改变传统主流媒体在传播格局中的不力处境，传统媒体自身有公信力背书，外部有政策支撑的优势，并且能够为向线上融合的实体产业提供宣传和策划服务，从而实现与实体产业的合作，获得更多线下场景，发展更多新业务，实现新的经济增长点，解决广告收入下滑带来的营收体系失效的生存危机，同时也有助于扩大传播范围；另一方面，可以有效推动媒体融合，由于与实体产业合作带来全新的业务，新业务必须采取新的市场运作机制，这有利于激发新业务人员的积极性、创造性，培养一批适应市场发展的人才队伍，并且能够倒逼不适应市场发展的旧体制机制进行改革。

传统媒体具有进行产业融合的有利条件，它可以发挥自身公信力、权威性的优势，在与政府部门及企业合作中获得性价比较高的产业资源。要选择合适的产业进行融合，可以从两个角度入手，一是所选产业具有广阔的发展市场或者发展前景，根据其市场发展情况和国家的政策支持情况进行判断，二是所选产业和传媒业之间融合可以实现双方效益最大化，即双方能否满足对方的需求，可以从产业关联性及实际融合案例中分析、判断。

基于以上分析，本书认为媒体可以与旅游产业、金融产业、体育产业、养老产业进行融合。在传媒业和旅游产业的融合上，旅游产业是国家经济发展的重要支柱，2018 年全国旅游业的综合贡献达到 9. 94 万亿元，占 GDP 总量的 11. 04% 。《关于促进全域旅游发展的指导意见》提出，加大旅游产业融合开放力度，提升科技水平、文化内涵，发展融合新业态，传媒业和旅游业都具有文化因素，媒体可以为旅游业提供宣传、策划，打造品牌知名度，旅游业则有助于丰富媒体的业务，促进其经济增长。2016 年，中国报业旅游联盟成立，使报业和旅游的跨界交流常态化，一些报业集团涉足旅游业已取得收益，如贵阳日报传媒集团基于贵州丰富的旅游资源，成立贵州新闻旅业投资管理有限公司并连续 4 年保持年经营收入 1 亿元左右。

在传媒业与金融产业融合方面，金融业的正常运转本质上是依靠信用，网络实现了社会成员之间的连接，有无信用直接关系到金融机构的信誉。传统媒体具有公信力背书，金融业与传媒业融合有助于提升金融机构的可信度、打造品牌，推动媒体开展金融业务，拓展产业链，除此之外，媒体具有舆论监督的作用，一方面有助于监督金融市场，使金融业营造良好的金融环境，更好地服务实体经济，比如南方报业传媒集团和深圳高新投集团在品牌宣传、产业基金、产业园区项目等领域展开战略合作，共同推动实体经济的发展；另一方面，媒体可以舆论监督功能融入社会治理体系中，比如《江西日报》旗下的江西网与江西省人民法院、18 家驻地金融机构合力打造的“法媒银 · 失信被执行人曝光台”，推动社会诚信体系建设，推动社会治理体系现代化。

在传媒业与体育产业融合方面，从电视媒体转播体育赛事中可知传媒业与体育产业具有关联性，体育业为媒体带来体育内容，媒体则扩大了体育赛事的影响力。《国务院关于加快发展体育产业促进体育消费的若干意见》提出，到 2025 年实现体育产业总规模超过 5 万亿元，成为推动经济社会持续发展的重要力量，可见体育产业具有很大发展潜力。

随着我国老龄化的加剧，养老产业在未来具有巨大发展潜力，据相关数据显示，2010 年我国养老产业的市场规模是 1. 4 万亿元，到 2024 年预计突破 10 万亿元。传媒业在养老产业上具有一定优势，互联网时代之前传统媒体的受众逐渐变老，正在成为未来养老产业的主要用户，传统媒体可以发掘这部分用户之前的信息资源，在合适的时机参与养老产业融合。

产业融合是互联网推动下的必然趋势，传媒业要选择合适的产业进行融合，要以传播为核心开展新业务、拓展产业链，就要重视产业融合后能否对社会治理、文明建设等产生积极作用，在追求经济收益的同时更要重视融合带来的社会效益，真正做到现代传播体系与社会治理体系现代化相结合。

2.7 总结

自2014年媒体融合上升到国家战略以来，引起学界、业界的广泛关注，目前媒体融合的相关研究视角较多，但是对于媒体融合顶层设计的研究尚不深入，而媒体融合不仅关系到传统媒体的生存和发展，还关系到传媒业的格局演变，更关系到国家治理安全，涉及主体多、范围广，是一项系统性的工程，必须做好顶层设计。本书从顶层设计的角度研究媒体融合，对丰富媒体融合的理论研究和指导融合实践都具有积极意义。

本书从现状入手，发现目前我国媒体融合的顶层设计方面出现以下特征：多方协作打造传播矩阵、集全省市力量打造传播平台、重点突破战略推动媒体融合、媒体和资本合力推动融合发展。虽然取得一定成效，但也存在一些不足，如盲目借鉴融合模式忽视自身优势，“借船出海”拓展渠道但缺乏平台主动权，“造船出海”带来分发平台过剩，资本整合受限传播治理较弱。随着融合深入发展，国家战略层面对媒体融合提出新的要求，一是要加强网络空间主流意识形态建设；二是要促进信息消费，推动数字经济建设；三是增强国际传播能力，提升国家形象；四是推动文化传承，构建人们美好生活。推动媒体融合发展，就是要构建全媒体传播体系，推动国家治理体系现代化建设。

面对媒体融合顶层设计的新要求，传媒业要充分发挥自身竞争优势，避免盲目融合。本书研究发现，传媒业在权威性、专业性、公信力上具有优质内容优势，在获取社会治理数据上具有与政府合作的在地资源优势，在促进信息消费升级上具有文化资源优势，在加快融合进展上具有政策扶持优势。

传媒业要充分利用自身的融合竞争优势，与国家治理体系相结合，构建全媒体传播体系，本书提出了 4 个媒体融合可行性路径：首先，要建设大数据平台重新连接用户，这是加强网络空间意识形态建设的前提。其次，通过提供深度服务发挥优质内容的价值，顺应信息消费升级的趋势。具体来讲，大众化媒体向综合性服务平台发展，专业性媒体深耕垂直细分领域，向传媒智库发展。再次，要把握技术机遇，将大数据、人工智能、5G 等技术应用到策采编发流程重构、丰富用户体验以及用户互动上，打造全程媒体、全息媒体、全员媒体，满足用户需求并调动全员参与社会治理，依据全程、全息、全员媒体的实现程度建立融合评估体系，打造全效媒体，最终实现向全媒体的发展。最后，利用政策优势推动跨界融合，处理好主业和新业务的关系，通过业务融合服务社会治理；把握科技与实体经济融合的机遇，通过产业融合扩大市场空间，推动数字经济的发展。

科技的快速迭代推动着媒体融合深入发展，媒体融合实践越来越丰富，本书基于文献资料、行业发展数据进行研究，尚未参与融合实践，所提出的实践路径还处于理论层面，应用到实践中效果如何有待观察，希望以后有机会参与融合实践中，理论和实践相结合，为推动媒体融合发展提出更具实操性的建议。

第3章　主流媒体与新型传播平台构建

人在哪儿，宣传思想工作的重点就在哪儿，因此在媒体融合前期，主流媒体纷纷在商业平台开通各种官方号，扩大了在互联网上的声量，虽然主流媒体的传播力延伸到了互联网，但在核心的用户和数据方面还是商业平台更占优势。

主流媒体要“抓紧做好顶层设计，打造新型传播平台，建成新型主流媒体。”在媒体深度融合的关键期，要明确新型传播平台与新型主流媒体的辩证关系，打造新型传播平台是建成新型主流媒体的基础性工程，是下一阶段主流媒体融合转型的重点方向。

面对商业平台的冲击和挑战，主流媒体已经到了不破不立，不进则退的重大“拐点”，若要更近一步就必须建成自主可控的新型传播平台。

主流媒体拥有社会文化公共资源、社会治理大数据等丰富资源，又具有优质原创内容的核心优势，但在商业平台的快速发展下，受到了越来越大的冲击。

对主流媒体现阶段平台融合的现状和问题进行研究，能够为主流媒体的新型传播平台建设指明道路和方向。从更宏观的角度来说，明确主流媒体在深度融合中的责任，有利于弘扬主流价值观，营造良好的网络生态环境，使主流声音传得更开、更广、更深入。

3.1 主流媒体与新型传播平台文献综述

3.1.1 国内文献综述

在中国知网以关键词“主流媒体”查找文献8290条，期刊文献7726篇，硕士论文365篇，报纸文献2381篇；搜索“主流媒体+传播平台”查找文献6篇，期刊文献6篇，无硕士论文和报纸文献。由以上数据发现，对主流媒体本身的研究内容丰富，角度也很立体多样，但对主流媒体传播平台的研究十分稀少。在整理现有文献的基础上发现，关于主流媒体国内的研究方向主要有以下几个方面。

（1）主流媒体的舆论引导研究：关于新媒体时代主流媒体舆论引导面临的挑战，李宗建等（2016）认为，新媒体的传播与发展，使得“官方舆论场”和“民间舆论场”发生摩擦和碰撞，人人都有麦克风导致舆论风向的偏移；碎片化传播和危机公关的时间差导致媒体陷入“塔西佗陷阱”；主流媒体在议程设置能力减弱的传播环境中，网络意见领袖的发声使传统的传播模式面临挑战。对媒介融合环境下主流媒体如何提升舆论引导力，刘俊等（2019）从渠道、功能、时机、内容、机制5个方面提出了提升主流媒体舆论引导力的建议。

（2）主流媒体与国家形象构建的研究：对于主流媒体对外传播的关键点，薛可（2017）认为，主流媒体在对外传播中，要充分使国家形象立体化，讲好“中国故事”；要结合时代特征，利用多渠道立体整合传播，提升文化自信；要正确认识中西方文化差异，在文化平等的基础上进行对外传播。关于如何讲好中国故事，何临青（2015）认为，要怀揣着强烈的效果意识去讲好中国故事；需要从传统媒体和新媒体协同合作的角度去提升国际传播力。

（3）主流媒体的媒体融合研究：关于主流媒体融合转型出现的问题，高晓虹（2015）认为，在媒体融合的背景下，主流媒体具有内容生产被动，思维模式固化，对于用户原创内容的使用不多，主流媒体自身内容的版权缺乏保护，大量人才流失等问题。关于融合的思维，陈力丹（2014）认为融合转型一定要强化互联网思维，互联网思维即用互联网发展的特征来思考媒体转型的路径，如即时海量的传播、平等互动的交流、大数据和云计算等先进技术的应用等。关于融合的路径，朱剑飞等（2016）认为，要整体转型不能内外分裂，进行整体结构性的改革；要将“中央厨房”发展成为一体化的平台，注重“互联网＋”；要开辟适合主流媒体发展的市场空间；要实行台网合一而不是台网剥离。关于融合的方式，黄楚新等（2016）指出传统主流媒体要通过智能、运营和服务升级深入创新改革，探索与传统产业的深度融合。

（4）以平台化思维推进主流媒体深度融合的研究：余晓阳（2012）总结到“平台”本属于经济学中的概念，指的是有一类平台型企业，这些企业同时向两组或两组以上的用户提供产品和服务，这些产品和服务使用户达成一些交易。近年来，平台的概念开始引入到传播界和传媒业，并将其作为研究的重要视角。关于媒介平台，谭天（2011）认为“通过某一空间或场所的资源聚合和关系转换为传媒经济提供意义服务，从而实现传媒产业价值的媒介组织形态叫作媒介平台”。喻国明（2017）根据《平台型媒体的崛起》探索了“平台型”媒体的概念，分析了平台型媒体的特点、形成路径和盈利模式。关于主流媒体融合进程中平台化的重要性，宋建武（2017）认为只有媒体向平台化方向发展，才能掌握网络舆论主导权、聚合优势资源吸引海量用户、重构主流媒体的商业模式。曾祥敏等（2017）认为平台融合是当前媒体融合转型的核心，建立融合平台，需要融合媒介资源和生产要素，再造生产流程、创新生产模式和融合观念，使新型传播平台成为媒体融合时代的关键基石。关于融合发展的关键，中央广播电视总台台长认为要打造平台经济，聚合优质内容、栏目，同时打造本地化服务，实现生态化发展。关于广电转型，王茂亮（2015）认为平台化是广电转型的重大战略，要利用互联网思维，建设区域性智慧生态级平台。

3.1.2　国外文献综述

在知网的外文文献库用关键词“Mainstream Media Communication Platform”没有检索到与本书研究主题相关的外文文献，在“谷歌学术”用同样的关键词检索只出现了两篇与主流媒体传播平台相关的研究，Stephen J A Ward（2010）从新闻伦理的视角认为新媒体平台有助于建立“开放媒体伦理”，可以鼓励新闻职业伦理从相对封闭的环境下逐渐向公民关注的伦理过渡。Gunn Sara Enli（2007）认为公共服务广播的多平台战略参与功能，有利于重新吸引观众的注意，揭示了受众参与有利于平台的扩张及出现新的收入来源。在“谷歌学术”搜索“Platisher”没有检索出与媒体平台相关的学术研究。几乎所有与平台型媒体相关的研究都来自国内学者。由于中外传媒环境的不同，国内更多地把平台型媒体解构再塑后用于媒体融合的大环境中。

综合现有关于主流媒体平台化转型的研究发现，主流媒体的平台融合还处于非常初级的阶段，离建成生态型综合平台还有很长的距离，主流媒体的平台融合需要真正的以互联网思维、产品化思维为推动力，在坚持主流价值观的引导原则下，借鉴商业平台的发展经验，以打造四全媒体为目标，尽快从“相加”到“相融”，早日实现由主流媒体引导的媒体格局和舆论生态的建设要求，实现“你就是我，我就是你”的融合发展目标。

3.1.3 相关概念界定

（1）主流媒体。

1997年，由美国语言学家乔姆斯基教授发表《主流媒体何以成为主流》的文章中说，“主流媒体”可以称为“精英媒体”或善于运用议程设置的媒体，这类媒体有着很强的引导力和公信力，能通过议程设置影响社会舆论。

由于中西方文化差异及媒体环境的不同，主流媒体在我国的含义与西方的含义不尽相同。国内目前对主流媒体也尚未形成统一的认识。对于主流媒体的含义，新闻出版总署报刊司副司长王国庆（2001）认为，“主流媒体就是承担重要的宣传任务和功能，覆盖面广，品牌性强，影响力大的强势媒体①。”2004年，由新华社成立的课题组推出了“主流媒体的六条评判标准”：课题组认为，主流媒体首先要具备党和政府的宣传功能；要有超过一般媒体的权威地位和广泛影响；要能够代表党、政府和广大的人民群众的意志而发声；能够体现社会主流价值观；能够引导社会主流的发展方向；要受到受众和市场的认可。

综合以往对主流媒体概念的界定和判断标准及媒体传播生态发生的变化，本书中所说的主流媒体都是在党的领导下，代表党和政府及广大群众的意志具有影响力的媒体。我们所熟知的党报、党刊、党网、党台等都属于主流媒体的范畴。

（2）新型传播平台。

在定义新型传播平台之前，需要先梳理一下“平台”和“渠道”的内涵。

在《关于推动传统媒体和新兴媒体融合发展的指导意见》中，明确将内容、渠道、平台、经营、管理作为媒体融合发展的五大方面。其

---

① 新闻出版总署报刊司副司长王国庆，《中华新闻报》，2001－11－3。

中，渠道和平台在某些语境下容易产生概念的混淆。在现今的媒体融合语境下，渠道和平台有着不同的内涵。

媒体融合语境下的渠道，指的是信息流通的路径，是管道式的；平台在辞海中的定义泛指高出地面而宽平的场所。转移到媒体融合语境中的平台就是承载信息的空间，是开放式的。《新闻传播百科全书》中对“传播渠道”的解释为：“信息从传播者到受传者所要经过的途径，传播活动的要素之一①。”渠道的作用在于输送内容，连接传者双方，渠道本身不生产内容，只是传递信息的介质，是一种工具。而平台是资源聚集的枢纽，渠道是搭载内容的直通车。渠道传播本质上是传播者和受传者之间“一对多”的双边互动，但传播平台没有明确的起止端，更多呈现的是“多对多”的多边互动。

新型传播平台是相对于旧有传播平台而言的，主流媒体旧有的传播平台是专注于内容生产的平台，功能单一，存在很多问题。在全媒体时代下，新型传播平台有了新的内涵。从“1.25”讲话的精神出发，融合趋势下的新型传播平台是指坚持一体化发展方向，坚持移动优先策略，通过流程优化、平台再造，实现各种媒介资源、生产要素有效整合，实现信息内容、技术应用、平台终端、管理手段共融共通，催化融合质变，放大一体效能，以形成四全媒体为目标，做大做强主流舆论的主流媒体自主可控的新型传播平台。

目前学界对主流媒体传播平台的研究，还没有形成系统和理论化的体系，多从主流媒体融合的整体研究、主流媒体舆论引导力的研究及主流媒体对外传播的研究为主。缺乏对主流媒体平台融合的研究成果。因此，本书从主流媒体的平台化发展为视角出发，归纳分析现有传播平台的发展现状及存在的一系列问题，对比分析商业平台的建设经验，并从转型理念、内容建设、传播方式、商业模式、管理手段等方面提出主流

① 邱沛篁、吴信训、向纯武等主编，《新闻传播百科全书》，四川人民出版社1998年版。

媒体平台建设的策略建议。

3.2 主流媒体传播平台类型分析

近年来，技术变革引起传播生态发生巨大变化，使一部分互联网平台型媒体迅速崛起并呈现野蛮扩张的生长态势，在这些互联网平台型媒体的冲击下，传统主流媒体的用户数大幅度下降，传播渠道逐渐失灵。由于主流媒体长期以来对技术的重视不足，再加上内部体制机制的掣肘，主流媒体的舆论引导力正在不断降低。为了使主流媒体重回舆论引导的主体地位，国家提出了要推动传统媒体和新兴媒体融合发展，2014年通过并颁布的《关于推动传统媒体和新兴媒体融合发展的指导意见》更是把媒体融合上升至国家战略高度，成为主流媒体融合转型的战略性指导。

5 年来，主流媒体坚持导向为魂、移动为先、内容为王、创新为要在内容、渠道、平台、管理、经营等方面加快融合步伐，建立了立体多样的传播矩阵，打造了一批具有广泛影响力的融合产品，虽然取得了一定的成效，但也依然存在着外融内不融，新融旧不融的“物理融合”，特别是最核心的平台融合还没有实现。按照国家的要求，媒体融合就是要实现主流媒体的互联网化，主流媒体应该清晰地认识到，平台融合的目标是要建设自主可控的属于主流媒体的传播平台。从本质上来说，没有自主可控的平台就没有主流媒体的一切。

主流媒体要明白，“借船”只是手段不是目的，更不能把“借船”当作融合发展的主要方向。基于此，打造平台型媒体或许可以成为主流媒体深度融合阶段的可行性路径，只有媒体向平台化方向发展，才有可能实现占领网络舆论主导权的使命。要利用各种媒介资源和生产要素，造一艘由主流媒体自己掌舵的“船”，才能在不断翻涌变化的传播生态

“巨浪”中扬帆远航。

目前，学界对于主流媒体构建传播平台的实践缺乏统一的分类标准。因此，本书综合现有主流媒体自建平台的实践，并结合由人民网研究院发布的《融合平台——中国媒体融合发展年度报告》、中宣部媒体融合专家组的专家意见与媒体融合蓝皮书的相关内容，按照平台的自身定位为分类依据，将我国主流媒体现有的自建平台的类型分为内容型平台、服务型平台、电商型平台与产业型平台。

3.2.1　内容型平台：专注内容建设

内容型平台是指以内容的生产、分发、聚合为主业务，在内容领域精耕细作，力图以优质内容吸引用户，同时也尝试以新的内容组织方式、内容呈现方式及新的内容分发逻辑、内容聚合手段，以提高内容传播效率，扩大内容传播效果的媒体平台。主流媒体的核心优势就在于内容生产的精耕细作，因此，在自建平台的过程中，大多数主流媒体会首先进行内容平台的构建。现有的内容平台因其提供的内容类型不同，又可以分为新闻资讯平台和娱乐内容平台。

新闻资讯平台最具代表性的就是主流媒体自建的新闻客户端和“中央厨房”。主流媒体自建新闻客户端的类型多样，95%以上的传统主流媒体都建设了自己的客户端。但主流媒体的自有客户端与商业平台客户端却呈现出“二八效应”。据艾媒咨询提供的2019Q1中国手机新闻客户端市场监测报告显示，在2019年第一季度中，腾讯新闻和今日头条以月活用户数量超2亿的数据保持绝对领跑的优势地位；而以澎湃新闻为代表的主流媒体客户端处在三角形的底端，月活用户为百万量级。究其原因还是因为主流媒体仍在以传者本位的方式与新媒体进行融合，大部分新闻客户端的内容就是将纸媒或者电视媒体的内容进行简单的平移或嫁接，依然停留在物理融合而不是化学融合。

“中央厨房”是主流媒体深度融合的基石，是建成自主可控新型传播平台的基础性工程。自推进媒体深度融合工作座谈会上强调要以“中央厨房”建设为龙头，重塑媒体内部结构，形成新型采编发网络以来，全国媒体掀起了建设“中央厨房”的高潮，建成了一批各具特点的融媒体中心。根据不同的目标诉求、不同的生产方式和不同的适用范围，又可以将“中央厨房”分为聚合型“中央厨房”及内控型“中央厨房”。

聚合型“中央厨房”往往承担了更大的建设体量，它不仅把内部生产的资源分发到自有的媒体机构，还通过协同聚合其他媒体的内容资源，丰富内容池，再分发给其他的合作媒体或机构。《人民日报》的“中央厨房”就属于此类型，它在满足《人民日报》各子媒体的内容需求的同时，还通过技术支持、版权合作等形式为其他媒体和机构共享资源和产品、提供技术解决方案。目前，《人民日报》“中央厨房”已经与《广州日报》《河南日报》《四川日报》《深圳特区报》等地方媒体合作，帮助地方媒体加快融合进程。地方性媒体中，也有一些“中央厨房”以服务区域性媒体为己任。由江西日报报业集团打造的融媒体“中央厨房”—“赣鄱云”就向省、市、县提供内容、用户、技术、终端的共通共享。湖北广播电视台的“长江云”不仅向武汉市的各类媒体提供信息资源和技术支持，还面向全省所有的地市级媒体，提供一键生成云端的服务，地市级媒体可以在云端上传各类资讯，由“长江云”平台提供技术支持。

内控型“中央厨房”指的是专注于媒体内部生产流程和体制机制的再造，没有接入其他合作媒体和机构的融媒体形式。这类“中央厨房”的做法是将媒体内部的所有人员都集中起来，成立新媒体中心，统一调度和管理。例如，浙江日报报业集团打造的“媒立方”，就是一个集一体采集、多元生成和分发、效果评估为一身的融媒体指挥中心。还有《中国青年报》的“融媒小厨”、《经济日报》、羊城晚报报业集团的融媒体中心都属于此类型。

无论是两微多端的全媒体传播矩阵，还是“中央厨房”建设，都是主流媒体进行媒体深度融合的多样化尝试。现今，媒体融合迈入深水区，我国媒体融合发展的对象也从中央级、省级主流媒体，迈向基层的县级媒体。

2018 年 8 月 21 日，全国宣传工作会议指出，要扎实抓好县级融媒体中心建设，更好引导群众、服务群众。县域拥有着中国最广泛的互联网增量群体，建设县级融媒体中心，是主流媒体打造新型传播平台，建成新型主流媒体的重要支撑。在媒体融合的关键期，中央提出建设县级融媒体中心的重大决策，就是希望形成自上而下的以互联网平台为核心的现代传播体系，让正能量更强劲，主旋律更高昂。一个月后，中宣部在县级融媒体中心建设现场推进会上提出，到 2020 年年底要实现县级融媒体中心全覆盖。距开展县级融媒体中心建设已经过去了一年多的时间，在建设过程中，虽然存在问题，但也有一些值得参考的典型案例。长兴传媒集团以生产本地化的内容为主线，为县级媒体搭建了一个聚合了优质内容的集合平台，在该平台上，每个人都可以用移动账号共享和调用信息，统筹规划新旧媒体的多种业务，实现一体化发布，提高了内容生产效率。

主流媒体的娱乐内容平台以芒果 TV 为代表，芒果 TV 聚合了电影、电视、综艺、动漫等视频内容，是一个典型的互联网视听平台。作为流淌着主流媒体血液的互联网视频平台，芒果 TV 走出了一条从“独播”到“独特”的转型发展之路。

芒果超媒 2019 年上半年财报显示，芒果 TV 实现营收 24.85 亿元，净利润达 8.04 亿元。虽然芒果 TV 的会员数与已经突破一亿大关的某平台相比，还有很大的距离，但凭借着独有的芒果优势，在巨大的竞争压力下，一跃成为国内网络视频行业中率先盈利的平台，打造了一个融合共生的生态闭环。

单从内容方面来说，主流媒体的核心内容优势在芒果 TV 上得到了强有力的体现，芒果 TV 能实现盈利的原因之一也是因为在内控成本的前提下，大力进行自制内容的创作。2018 年，芒果 TV 推出了一大批自制影视剧和综艺，包括《野生厨房》《明星大侦探》《妻子的浪漫旅行》《妈妈是超人》等一系列优质综艺 IP；2019 年编排了“脑力开发”“心智成长”“代际情感”“关爱社会”“人文品德”等 8 个系列的自制综艺，其中不少的综艺都在前期积累了良好的用户基础。优质的内容离不开有丰富经验的制作团队。目前，芒果 TV 已经打造了超过 50 个工作室团队，团队涵盖了自制综艺和自制影视剧的制作与宣传。2018 年，《摇啊笑啊桥》《声临其境》《声入人心》三档原创节目还出售到英美等国家，实现了主流媒体的出海战略。湖南卫视、芒果 TV 携手湖南金鹰纪实卫视、湖南经视合作推出的《我爱你中国》《故园长歌》《我的青春在丝路》《时光的旋律》《新时代学习大会》等台网融合的主流节目，发挥了主流价值观的引领作用，推动了地面频道的融合发展。

3.2.2 服务型平台：发力多样服务

服务型平台是指主流媒体以向用户提供本地 O2O 服务为切入点，构建的服务型平台，核心是向用户提供与其日常生活紧密相连的 O2O 服务，将收集到的数据形成用户数据库，持续不断地为用户提供其他服务，增强用户黏性。服务型平台主要包括政务服务平台和社区服务平台。政务服务平台是指主流媒体充分整合地方资源，在提供信息服务的同时与智慧政务相结合，依靠传媒新技术，找准切入口，从网络问政到智慧行政，从技术研发到内容代理维护，发展立足所在城市的政务平台，湖北广电“长江云”就是此类平台的典型代表。

（1）政务服务平台：湖北广电“长江云”建设之初就以本土政务

平台作为总体的设计理念，平台以新闻资讯 + 政务服务为核心，不仅能够时时刻刻看新闻，还能完成日常缴费、政务办事、交通出行、医疗服务等多种服务。长江云还接入了省市县三级的政务部门，可以发布部门的权威信息和政务公告。虽然长江云宣称自己为综合信息服务平台，且致力于打造一个区域性生态级平台，但该 APP 在应用商场的下载量十分有限，作为地方最大的主流媒体和最强的流量入口，实际的平台使用情况与媒体地位严重不符。平台中的功能和内容关联性弱，各个区块相对割裂，很多服务点击进去会出现停止服务或找不到网页等状况，与实际宣传的效果相差甚远，并且没有形成一个完整的商业闭环，离生态级媒体平台还有很大的距离。

（2）社区服务平台：社区服务平台是指媒体以本地 O2O 服务为切入点构建的用户平台，其核心是通过提供与城市居民生活紧密联系的本地 O2O 服务将用户聚集到平台上，然后提供家庭保洁、生活采买、寄取快递、搬家拉货等多元服务满足用户的各类需求，增强用户黏性，培养用户对平台的忠诚度，之后再通过用户数据库的构建，为用户推送符合其需求的服务信息，具备一定的数据库处理能力之后，还可以开展数据库营销或发展电商服务。

全国社区组织改革发展相关会议提出，我国社区社会组织数量已达 39.3 万个，街道和社区管理 32.7 万个①。社区关联着以家庭为单位的个人及线下资源，主流媒体掌握的社会文化公共资源优势可以运用于社区传播中，如果说县级媒体是新闻宣传的“最后一公里”，那么社区传播就是新闻宣传的“最后 100 米”，通过社区传播，主流媒体可以建立起与用户之间的有效连接，从真实需求出发，为社区居民提供社会公共服务。主流媒体中，北青传媒旗下的 OK 家、东方网旗下的智橙生活、福建日报报业集团旗下的海都公众 U 我等都是主流媒体进行社区服务

① 我国已有社区社会组织 39.3 万个［EB/OL］. 新华网客户端，2018［2019-10-14］.

的有益探索。

北青传媒作为传统纸媒，结合自身社区报的定位，通过报纸发行掌握的线下渠道资源，制订了以社区报 + 社区驿站 + OK 家的“三位一体”的深耕社区的转型方向。自办报以来，已经拥有 29 份社区报纸，每份社区报覆盖 3 万 ~5 万住户；社区驿站是基于社区物理方位设置的线下服务平台，能够为社区用户提供基本的维护和咨询服务；OK 家是基于 O2O 模式的移动服务平台，集本地新闻、社区爆料、社区活动、生活服务及跳蚤市场于一体，覆盖北京大多数小区，成为主流媒体聚合用户的新入口；智橙生活在提供社区服务的同时还加入城市服务、生活服务、惠民商城等智慧服务建设，东方网还在 2016 年 12 月与上海电信签署合作协议，利用双方的优势开展跨界合作，共享用户资源，共同探索“互联网 + 社区”的新型社区服务模式；海都公众 U 我以提供居家养老电商为特色，区别于实物电商，将专业优质的服务明码标价，通过移动终端的形式线上卖出，平台覆盖了 516 项生活服务，基本能够满足用户生活需求的方方面面。线下还打造居家养老服务中心，中心大厅设有智能交互大屏，老人只需点击相关服务，便可预约免费的健康体检、文娱培训等服务。

3. 2. 3　电商型平台：探索跨界转型

随着电商的发展，“媒体电商”这个词汇逐渐出现，顾名思义，“媒体电商”就是由媒体组织主导，以各类媒体资源作为竞争力的商业交易活动。冠之以“媒体”之名，不仅在于强调经营主体是媒体组织，更为了体现这种电商业务所具备的区别于传统电商的媒体资源，如营销渠道、消费人群数据和品牌公信力等。电子商务尤其是网络消费的普及化使得信息流、货币流和物流三者的关系被重构。而媒体电商的核心价值在于信息流与商品流的无缝连通，可以为价值链上游的商品提供者创造更精准的营销效果和更真实的销售业绩，也可以为价值链下游的商品消费者提供更便捷的信息和实物消费体验。为此，我国多家报业、广电媒体积极发展着区域性、垂直性电商平台。媒体电商对纸媒广告的升级关键在于从广告主和消费者两端同时延伸了商业信息传播的价值链，因为媒体对于两者的价值从仅仅传播商业信息升级为提供商品交易服务。

虽然国内电商的市场份额已被阿里巴巴、京东及后来居上的拼多多三分天下，看似已无机会，但媒体电商可以凭借自身的品牌效应等天然优势开辟蓝海。其一，瓜果鲜蔬、肉禽蛋奶、粮油副食等产品对获取消费者的信任成本较高，媒体电商的特殊性能够降低或消除消费者的信任危机；其二，这类商品对于物流链也有很高的要求，需要保证时效性，但传统媒体长期掌握着报纸发行的自有渠道，是发展媒体电商的又一优势。其实媒体电商的核心是要利用互联网思维进行商业模式的升级。在互联网时代，受众就是用户，内容就是产品。主流媒体长期积累的受众资源是发展电商的基础，可以直接将受众转化为潜在消费者，利用产品思维将媒体内容作为产品出售。

温州日报报业集团旗下的温都猫以发展垂直电商为定位，立足本地，为温州地区的买家提供电商服务，形成了以线下门店、网页和移动端为一体的综合电商平台，用户自助下单，供应商端即刻响应，提供商品从采购到销售的一站式服务。涵盖本土特产、海外潮货、母婴产品、家用电器等品类。上线三年，营业额超1亿元，服务用户38.8万，并于2017年挂牌“新三板”。温都猫的转型尝试，成了地市级报业媒体，探索融合转型的新样本。广电媒体将“广电+电商”的T2O模式，融入国家乡村振兴战略中，在媒体融合背景下实现产业链重构，助力乡村振兴，提升了主流媒体的商业价值。《第一书记》是广西电视台打造的，以3000名机关干部为纽带，去往广西最贫困的3000个村庄当“第一书记”，助力村庄脱贫致富的美丽乡村公益节目。在节目的基础上，广西电视台开发了“美丽天下购”电子商务平台，特别打造“第一书记产品专区”，帮助贫困区产品走出大山、走向市场，并在此基础上继续搭建了“第一书记产业园”电商平台，将更多的产品放到线上展销，打造了一个“云端扶贫矩阵”。

3.2.4 产业型平台：赋能产业融合

2018年中国传媒产业产值首次突破2万亿元大关。传媒业细分市场中，报纸广告收入跌破百亿，降幅超过30%，网络广告收入已经全面超过传统媒体广告收入之和。传媒细分领域广告收入的变化，表明了传统主流媒体几乎失去了广告主的青睐。随着5G、大数据、云计算、人工智能等信息技术的革命，媒体的传播方式、产品形式、管理手段等都将有所不同。

未来，主流媒体的核心竞争优势将是如何运用大数据等先进技术，整合媒介资源及生产要素，创新内部体制机制，服务于社会生活的运转，赋能产业融合，打造出具有媒体基因的产业平台。在内部创新方面，浙报集团将“投资+孵化”的硅谷模式引进到集团内部，组成探索媒体融合的15人团队命名为“传媒梦工场”，举办新媒体创业大赛，投资前沿新媒体项目，培养了一批既有传媒从业经验又具有互联网思维的骨干人才。近年来，浙报集团也在跨界进行非传媒产业的扩张，探索与其他产业的融合。自2005年以来，浙报集团跨界房地产、网游、电影、科技、会展策划等多种产业，收购游戏平台扩展用户规模至3亿。2016年，浙报集团又以大数据产业作为融合转型的重点方向，成立浙江大数据交易中心，交易中心集聚了大数据供需双方和加工服务商，形成了完整的大数据交易生态系统。浙报集团将内容和用户数据集中管理，规模化运营，提高了数据库的商业价值。

在主流媒体全面推动深度融合的进程中，我们发现，打造平台型媒体越来越受到主流媒体的重视，媒体融合的任务是要主导网络舆论生态，打造全媒体传播格局。但在主流媒体现有传播平台的实践中依然存在一些问题，离打造四全媒体，建成现代传播体系仍有差距。

3.3　主流媒体传播平台问题分析

自主流媒体进行媒体融合以来，已经在积极通过各种方式进行融合转型。但无论是内容型平台、服务型平台还是电商型平台或产业型平台，从现有的发展状况来看依然存在着顶层设计乏力，融合理念不足；舆论引导力下降，传播渠道失灵；平台功能单一，用户黏性差；缺少生态级平台，盈利能力薄弱；融合效果不均，管理手段落后这几个方面的问题，这些问题在不同程度上制约着融合进程和融合目标，对这些问题进行分析有利于主流媒体在融合下半场找准定位，有利于新型传播平台的构建。

3.3.1　顶层设计乏力，融合理念不足

从互联网进入中国以来，一些传统媒体就开始逐渐加入了互联网基因，建网站、推出手机报、建博客。发展到移动互联网之后，开始融合转型，开设微博、微信官方账号再到自有客户端建设，打造了一批融合产品、成立了融媒体中心、创新了内部体制机制，在转型思路和具体方式上发生了很多变化，但是，整体思路依然未彻底的转变，依然采取的“+互联网”思路。

在具体的融合实践中，因为缺乏转型参考，大部分主流媒体都是沿袭了原有的传统媒体底色。在主流媒体融合转型的前期，大部分都以发力“两微多端”建设为融合发展的主要方向。在观察各种融合实践后发现，主流媒体普遍存在着转型焦虑，因为媒体融合是互联网环境下，

媒体转型的创新模式，在具体的改革中，没有参照坐标，主流媒体对于媒体融合到底是什么、到底融什么、到底怎么融还没有清晰的认识和广泛的共识。一些传统媒体已经消失在我们的视野中，面对互联网新媒体平台的快速发展显得无能为力。主流媒体的地位被商业平台冲击，一些传统媒体人开始流向商业平台，形成了“马太效应”。这些现象都是主流媒体在融合前期，缺乏顶层设计的结果。

缺乏顶层设计的核心原因是融合理念不足，从传统媒体到融媒体再到全媒体，每一次都是融合理念的转变。媒体融合的发展从本质上来说不是技术先行而是理念先行，依靠单纯技术无法满足我国媒体环境的日益变化，先进的思想和观念才是指导媒体融合发展的关键。将建设具有互联网基因的新型传播平台，作为深度融合阶段的发展目标更需要理念和思维的转变。但当前一些主流媒体在融合实践中没有体现融合发展的价值认同，依然在用“新瓶装旧酒”。从互联网到移动互联网，每一个时期主流媒体的主体地位都在受到挑战，如若继续已既有思维推进改革，主流媒体将在由智能技术引领的全媒体时代潮流中，被逐渐边缘化，无法完成占领网络舆论空间主导权的任务，并在激烈的市场竞争中不断倒退，遗失生存空间。因此，若要实现建设新型主流媒体，打造新型传播平台，构建现代传播体系的目标，就必须加强顶层设计，转变思想观念，创新融合理念。

3.3.2 忽视内容质量，内容生产同质化

互联网及传播技术的高速发展，正在使整个内容生态发生根本性的变革。内容从稀缺到泛滥，从单一到多元，正在消解主流媒体长期以来构建的传统内容生态，使内容传播呈现出更加丰富的特征。以往只有传统主流媒体才能决定生产什么内容，如何生产内容，占据主导地位，但互联网对主流媒体内容生产的解构，使得内容生态呈现出“百花齐放”

却又充满“陷阱”的复杂图景。

主流媒体在融合发展中形成了“两微多端”的传播矩阵，但主流媒体对现阶段生产什么内容，用什么方式生产内容存在焦虑，一方面商业平台用主流媒体生产的内容占据了绝大多数的流量；另一方面，主流媒体缺乏互联网基因，无法准确把握互联网传播规律。

为解决此类问题，主流媒体进行了打造“中央厨房”的转型改革，但“中央厨房”的实质是将采集到的相同信息经过加工后，分发到各类媒介平台上，以达到一次采集、多种生成的目的。但在内容产品的激烈竞争中，个性化和差异化才是赢得内容竞争的核心策略。特别是每逢重大节日、活动及两会的报道，大多数媒体集团为整合资源都会把记者的稿件汇集在一起，集中统一进行编辑和修改，再分发到不同的传播平台上，有很多时候只是改变了标题，图片和内容完全一致，这样的情况在重大主题报道中时有发生。不禁可以想象，常态化的“中央厨房”内容同质化将会更加严重。并且主流媒体还忽视用户对于内容生产的作用，导致内容呈现单一，内容缺乏吸引力。反观商业平台，虽然没有新闻采编权，只能转载主流媒体生产的内容，但其另辟蹊径，重视用户对平台内容的生产，还通过各种激励机制，鼓励用户生产内容，丰富了平台的内容形式，也增强了用户黏性，达到了双赢的效果。

内容优势一直是主流媒体的核心竞争优势，无论环境如何变化，用户对优质内容的需求不会发生变化，主流媒体要分析目前平台融合过程中，出现内容问题的深层次原因，对症下药才能药到病除，否则主流媒体的平台融合之路只会布满荆棘，困难重重。

3.3.3　舆论引导力下降，传播渠道失灵

全国宣传思想工作会议强调，做好新形势下宣传思想工作，把握正确舆论导向，巩固壮大主流思想舆论。现实情况是，主流媒体在微信公

众号上的媒体号不足1%，自建客户端的日活用户不足商业平台的1%，无论是“借船出海”还是“造船出海”，主流媒体都面临着主流舆论引导力下降，传播渠道失灵的困境。商业平台积累了大量的用户数据，掌握着互联网传播的重要渠道，主流媒体失去了最重要的用户和渠道，成为商业平台的内容提供者。在一些重大事件上，主流媒体不能及时发声，丧失了一手信源，整个传播生态发生了前所未有的改变，主流媒体的主体地位也受到前所未有的挑战。新形势下，主流媒体的舆论引导力也面临着以下挑战。

（1）自媒体传播加深“两个舆论场”的矛盾冲突。

首先，在互联网时代，形成了人人都有麦克风、全民记者的新变化，主流媒体以往线性单向的传播方式被完全打破，把关人地位丧失。互联网上的舆论场具有形态开放、互动交流、平等对话、传播扩散快等特点，这从根本上与主流媒体的传播方式是相反的，“官方舆论场”和“民间舆论场”由此而来。由主流媒体形成的“官方舆论场”近年来也积极从传统的传播渠道向互联网传播渠道转变，但由于主流媒体的特殊属性，在一些重大事件和敏感问题上，不能及时回应群众关切，舆论监督延时或缺位，而自媒体因为限制不严，往往先发制人，比主流媒体更快的进行“爆料”，对主流媒体形成了冲击。

其次，在网络大V的影响下舆论导向向“民间舆论场”偏移。自媒体的发展催生了一批网络大V，他们拥有大批跟随者，作为互联网上的意见领袖对引导舆论风向有着举足轻重的作用，他们全程参与事件的发生发展全过程，在一定程度上为民意代言，影响公众的思考和判断，网络大V在互联网上发布的任何消息都有可能一石激起千层浪，在这种情况下易形成难以控制的舆论影响力。

（2）新媒体传播使主流媒体陷入“塔西佗陷阱”。

“塔西佗陷阱”源自古罗马时代的历史学家塔西佗所著的《塔西佗

历史》，其中塔西佗评价一位罗马皇帝时说：一旦皇帝成了人们憎恨的对象，他做的好事和坏事都会引起人们对他的厌恶。现引申为当政府部门或某一组织失去公信力时，无论说真话还是假话，做好事还是坏事，都会被认为是说假话、做坏事。

随着多元化传播，信息传播渠道多样，受众每天可以接触到大量的信息，一些注重情绪表达的舆论开始影响整个舆论环境，同时各种低俗信息、虚假信息混杂在一起，导致信息真假难辨，网络舆论不能代表每一个人的真实民意，但网络传播的匿名性、低成本使得一些网络大V为了自身利益，在网络中哗众取宠，用情绪化的表达和不经证实的信息，煽动网民的情绪甚至演化为舆论热点，让网民形成先入为主的印象，此时主流媒体再介入就造成了网民的质疑和不信任，网民宁信其有也不信其无，使主流媒体陷入“塔西佗陷阱”。

3.3.4 平台功能单一，用户黏性差

平台最基本的特点就是打造入口，吸引流量。互联网时代，有流量就意味着有用户，有变现的可能。目前聚合了大量用户的商业平台，都是以小步快跑，迅速迭代的产品思维进行平台建设的，逐渐形成了能够满足用户阅读、消费、出行、生活等各个方面需求的综合型平台，凭借着各种服务打开了连接用户的巨型入口，掌握了大量的用户数据。反观主流媒体的平台建设，依然以提供新闻服务为主，单纯做新闻，已经不能满足人民日益增长的追求美好生活的需要，更无法支撑平台的可持续发展。

作为打通媒体融合“最后一公里”的“邳州模式”另辟蹊径，将手机问政融入邳州打造的银杏甲天下新媒体平台中，市民可以在民生通问政频道中进行投诉或问政，“问政小编”会回应市民问题并上报具体部门。据观察，在民生通进行投诉，最快当天就能收到回复，说明主流

媒体除了提供内容服务，还可以与政府部门合作，实现资源共享，助力智慧政务建设。观察商业平台的发展就能发现，单纯做内容的方式不会带来大量的用户和流量，也不可能探索出属于主流媒体的有效的盈利模式。

主流媒体平台功能单一的原因在于，对新兴技术重视度不够，传播生态的变化从根本上说是由技术的变革导致的，新兴技术的发展不仅改变了人们的生产生活方式，也重构了媒体格局和舆论生态。主流媒体对技术缺乏敏感性，一些媒体人认为算法不利于弘扬主流价值观，不利于舆论引导，实则是面临新技术带来的巨大变化的“本领恐慌”，算法本“无罪”，但滥用算法就“有罪”，主流媒体应该重视技术对平台融合的推动作用，借力技术将更多的服务连接到平台上，丰富平台功能，聚合更多用户。

3.3.5 缺少生态级平台，盈利能力薄弱

2019 年上半年，传统媒体广告刊例收入同比降幅达到 12.8%，已经连续 4 年持续下降，互联网广告与传统媒体的广告比已接近 7：3，我国广告市场的互联网化趋势越来越明显，传统媒体的广告份额持续下跌，仍未走出经营困境。

主流媒体广告份额的下滑说明了，在主流媒体的融合转型过程中，依然没有探索出新的盈利模式。我国主流媒体盈利模式单一，长期以来遵循“二次售卖”的盈利模式将媒体生产的内容以免费或低价的形式卖给受众，再把受众卖给广告商，收取广告费。但是主流媒体现在与用户之间的连接关系持续减弱，流失的用户转向了互联网商业平台，直接导致主流媒体收入的降低。这使得主流媒体的造血能力不足，面临着收入下降，用户流失的双重寒冬。

媒体融合发展 5 年来，主流媒体一直没有形成能与商业平台抗衡的

生态级平台，而商业平台乘着互联网的东风，借势发展，形成了多种新型的盈利模式。以网络广告为例，弹窗广告、贴片广告、植入广告等，都属于互联网商业平台众多盈利模式的一部分。近年来，爱奇艺、优酷、腾讯视频等视频网站对内容付费进行了尝试，付费人数越来越多。其中，爱奇艺的付费会员人数已超过1亿。

3.3.6　融合效果不均，管理手段落后

自中央将媒体融合上升至国家战略以来，全国主流媒体以自建新闻客户端为伊始，开展了各种类型的客户端建设，从移动客户端到“中央厨房”再到县级融媒体中心，形成了一条自上而下，具有区域特色的融合转型路径。技术是媒体融合不断向前的驱动力，技术的发展离不开资金的投入，中央级媒体和少数资金力量雄厚的省级媒体集团，在平台建设中已经走在了前列，并正在探索新型传播平台的建设方向。但还存在着部分地市级媒体由于技术和资金的限制，融合的效果还处于非常初级的阶段。技术和资金是地市级媒体普遍存在的短板，再加上思维固化，依然停留在表面的融合，在一些经济条件更加落后的县级媒体，融合发展不均衡现象体现得更加明显。

以传统媒体的新闻客户端建设为例，从报告中得知，截至2018年，传统主流媒体已经建了超过500个自有新闻客户端，在报告评估的传统媒体中，自建客户端的比例超过95%①。然而另一组数据显示，2019Q1季度中国手机新闻客户端月活情况，传统媒体新闻客户端中只有《人民日报》、澎湃新闻和央视新闻进入了百万量级的第三梯队，其他的传统媒体新闻客户端都不见踪影。在几乎所有的传统媒体都在运作新闻客户端的时候，如何脱颖而出？全媒体时代，传统媒体需要重新审视对新闻

① 2018中国媒体融合传播指数报告发布［EB/OL］. 人民网－传媒频道，2019［2019－10－17］.

的“自恋情节”，要明白新闻不是用户获取资讯的唯一方式，用户的需求是多元的，更多的是在互联网平台寻求社交、娱乐、兴趣认同等。今日头条的本质是基于兴趣的算法推荐，微信的主要功能是即时通信，微信公众号只是辅助，这些独角兽平台都不是单一做内容的平台。

当前的“中央厨房”建设也存在着与传统新闻客户端建设一样的问题。对于“中央厨房”怎么建？推进媒体深度融合座谈会提到“有条件”三个字。这三个字道出了传统媒体“中央厨房”建设的真谛，媒体融合不进则退，融合没有固定模式，“中央厨房”更不是唯一模式，只是媒体融合发展中的一种探索，无论是客户端还是融媒体中心，都要基于管理能力、媒体自身发展状态进行有的放矢的融合转型。

3.4 商业平台对主流媒体打造新型传播平台的启示

主流媒体要打造自己的传播平台，将数据和流量掌握在自己手中，就应该从商业平台的发展中借鉴经验，综观近年来商业平台的发展，呈现出移动化、社交化、场景化、智能化、生态化的特点，由点到面逐渐形成了立体多样的平台生态，主流媒体的融合下半场就是要积极借鉴商业平台的发展经验，在打造新型传播平台的过程中体现移动化、社交化、场景化、智能化和生态化的特点。

3.4.1 移动化：移动优先定位转型新常态

在 QuestMobile 发布的《中国移动互联网 2019 半年大报告》显示，移动互联网用户规模达到 11.38 亿，BATT（百度系、阿里系、腾讯系、头条系）旗下的 APP 占据了全网 70% 的时长。“终端随人走，信息围人转”的时代从未像现在一样，体现得如此明显。

智能手机的出现标志着互联网 2.0 向互联网 3.0 的转变，商业平台在不断地快速迭代中形成了很强的网络效应，形成了多条主赛道。腾讯的核心竞争力是以微信为主的即时通信，数据分析平台 Trustdata 发布的 2019 年 2 月份移动互联网榜单，微信 + QQ 的合并月活用户达到 16 亿，且微信是率先成为月话用户达到 10 亿以上的应用。微信打造了一个集即时通信 + 社交 + 资讯（公众号） + 金融支付 + 小视频为一体的综合平台。以即时通信为核心，移动化为方向，拓展了多元的发展边界，凭借着这样的结构形成了超高频、超长时的移动生态，筑起了超高的行业天花板。

新型传播平台以用户为中心，强调以人为本，其实移动优先的本质也是以人为本。移动优先满足随时随地的信息传播，满足人类更自然舒适的需求，无论是速度还是传播方式，都体现了以人为本。移动优先，不仅拥有互联网传播即时、开放、共享、互动的特点，更具有不受地点和时间限制，随时互联的优势。坚持移动优先，不是一句口号，是立足媒体格局和舆论生态之大变化所做出的重要转型方略，坚持移动优先，就是要深入贯彻互联网思维，对主流媒体的生产流程、体制机制、员工队伍进行彻底的革新，以适应移动互联网的传播规律，以移动优先为指引，促进台网融合、一体化融合，使移动优先成为未来融合转型发展的新常态，让主流媒体在移动互联网中的正能量更强近，主旋律更高昂。主流媒体基于移动化的趋势建造自己的新型传播平台，就是结合自身条件，向互联网商业平台借经验。

3.4.2　社交化：注重社交标识融合新方位

对于如今的新媒体平台而言，移动化和社交化是两个密不可分的发展趋势，无论是基于智能算法推荐的今日头条，基于强弱关系社交的微信微博，还是基于兴趣推荐的短视频平台，都或多或少的显现出社交化的属性。社交化已成为一种势不可挡的趋势，这种趋势随着 5G 的全面商用将会体现得更加显著。主流媒体在这种社交化浪潮中想要实现突围，占领舆论制高点，就必须顺应社交化趋势给传播生态带来的巨大变革，积极做出调整和改变。

针对社交化的趋势，主流媒体也在自建平台的过程中进行着有益尝试。2019 年 1 月 1 日，由中宣部打造的“学习强国”APP 正式上线。这是一款以学习新时期新思想为主要目的的学习平台。除了内容上的丰富和多样，“学习强国”还加入了强国通讯录，通讯录由“个人信息”和“组织信息”两部分组成，可以利用输入手机号、扫一扫、添加手机联系人这三种方式添加好友；还支持创建学习组织，组织内的成员无需加好友即可发起聊天；在学习强国阅读和学习并分享到与学习强国合作的其他平台，还可以获得积分奖励，通过学习强国积累的学习积分，可以在强国商城中兑换礼品。加入强国通讯录和分享机制使主流媒体的传播平台建设体现了社交化的趋势。

在深度融合背景下，主流媒体要重建与用户的连接，就必须在坚持主流价值导向的前提下，融入社交化的发展战略，主流媒体拥有最核心的内容优势，利用好内容优势，注重社交化，打造属于自己的平台和终端。

3.4.3 场景化：搭建场景拓展平台新视野

场景，源于电影学，其概念从一开始单一的空间所指，发展到描述人与周围环境关系的总和。移动互联网环境下的场景，指的是由具备收集用户数据和分析能力的平台，通过人物画像和用户分析，基于用户的地理位置，分析用户在该特定场景下可能会有的需求和行为，为这一行为提供关联产品和服务。移动互联网带来了众多的细分场景。在这些细分场景中，为用户提供直击痛点的服务，形成了互联网商业平台的发展逻辑。

如果说互联网上半场是入口和流量的争夺，那么在以移动互联网为主的下半场就是场景的争夺。阿里巴巴将双十一打造成了一个线上线下购物狂欢的巨大场景，线上结合淘宝和天猫两个平台进行大型促销购物，线下自 2015 年起，又打造了天猫双十一狂欢夜，邀请明星嘉宾表演，在上星频道和网络视频平台并机直播，直播过程中，可以通过摇一摇，AR 扫一扫等方式一键购买明星同款。2018 年天猫双十一成交额仅用 21 秒就突破 10 亿元，最终成交额为 2135 亿元。用线上平台加线下活动，打通了线上线下场景，形成了营销全链路。

主流媒体不可能如法炮制互联网商业平台争夺场景的方法，但可以将这种场景化思维运用到新型传播平台的建设中，东方网旗下的东方头条就利用了用户走路、睡觉等日常场景，吸引用户看新闻赚金币，金币可以时实体现，想要赚取更多的金币就要完成更多的任务。通过各种方式吸引用户提高活跃度，以此吸引广告主的青睐，反哺平台发展，探索出了一条具有“东方”特色的融合之路。主流媒体在进行新型传播平台的建设探索中，要积极进行场景化实践，在平台上搭建各类场景拓展平台的新视野。

3.4.4　智能化：技术助力释放发展新动能

新一轮科技革命和产业革命正在加速到来，人工智能、大数据、云计算、5G 等新技术新应用方兴未艾，整个媒体格局和舆论生态正在面临百年未有之大变局，倒逼整个传媒业进行根本变革，媒体融合不进则退。以人工智能为例，2018 年中国人工智能发展报告显示，中国的人工智能企业数量已经超过 1000 家，处于世界第二；人工智能已经在医疗健康、金融、教育等多个垂直领域得到应用。

人工智能于传媒业的影响已经深入到整个传媒产业链，以大数据为基础的选题策划，以机器人写作为依托的内容生产，丰富视觉体验和创新认知方式的沉浸式新闻，基于数据和算法推荐为核心的精准分发，传媒业无时无刻不在感受着技术创新带来的重大变化。2019 年 6 月 6 日，工信部发放了 4 张 5G 牌照，标志着 5G 正式进入商用元年。在第六届世界互联网大会上，5G 成为整场大会的焦点，5G 带来的万物皆媒时代将会成为创新传播生态的又一大里程碑。

人工智能进入飞速成长期，全球的著名互联网公司无一不在发展人工智能。2016 年，谷歌从 Mobile First 转向 AI First，百度提出“All in AI”，腾讯则是“AI in All”，阿里巴巴创立“达摩院”，先后入局 AI。除了技术和商业的驱动，国家也从顶层设计的角度，为人工智能的发展推波助澜。

媒体融合下半场，对于商业平台如何助力主流媒体融合转型，腾讯首席运营官在互联网世界大会上表示，要在技术上做好转型升级的工具箱，成为助力主流媒体融合发展的数字化助手，使先进技术成为媒体深度融合的助推器。在技术的影响下，主流媒体的平台建设也呈现出智能化的趋势。2017 年 12 月 26 日，新华社发布媒体大脑 1.0，这是我国率先出现的短视频智能平台，媒体大脑能够进行人脸识别，对文字、视频、图片进行智能化处理，在世界杯期间制作了海量视频，世界杯期间的一条进球视频，只需 6 秒就可以完成生产。人工智能被不断应用到新闻生产领域，研发出了满足多种生产需求的 AI 机器人。2019 年 2 月 19 日，新华社与搜狗率先联合发布了站立式 AI 主播，并投入到全国两会报道中。

先进技术在传播生态的每一次变革中都起到了重要的推动作用，但也要警惕“唯技术论”者，仅凭技术的助力无法真正实现融合转型，主流媒体的新型传播平台构建需要方方面面的创新，是一个系统性、长期性的过程。

3.4.5　生态化：深度融合引领舆论新生态

生态化，是互联网发展到一定阶段后，更高层次的，以产业协作为依托而形成的形态。目前，只有很少一部分互联网企业，形成了自己的商业生态。主流媒体距离商业生态的形成，道阻且长。融合语境下的生态化，更多的是从传播的角度，要求主流媒体打造新型传播平台，完成由主流媒体主导的媒体格局和舆论生态建设。

以内容生态为例，2019 年 5 月 22 日，腾讯在全球数字生态大会上宣布，将实现内容生态的全面升级，发力短视频加强内容中台建设。微视作为腾讯主打的短视频应用，将结合 AI 等技术，降低内容创作者的门槛，用户通过手机拍摄的短视频，只要上传到微视，AI 就能助力视频自动配乐和添加转场特效，一键生成大片；作为内容中台的企鹅号，2018—2019 年，日均流量增长一倍，在企鹅号中单季度收入过百万的账号增长了 8 倍。为提高内容的版权保护，企鹅号计划组建原创专家委员会，共同打造内容中台的保护机制。以 QQ 看点为例，通过“内容 + 平台”模式，把优质内容与平台相打通并结合，依托 QQ 海量用户和关系链，有效地将动漫、时尚美妆、游戏、明星等内容与用户兴趣精准匹配，当前日活用户已超过 1 亿。

内容优势一直是主流媒体的核心优势，但当今互联网信息爆炸导致的信息冗余，使主流媒体的内容优势明显减弱，为了占领网络舆论的制高点，落实网络强国战略思想，2018 年 6 月 11 日，《人民日报》推出了全国移动新媒体聚合平台，“人民号”，以主流价值疏解“算法焦虑”，用主流媒体的社会责任规范内容建设，提供优质平台凝聚八方之力，构建具备主流价值的新媒体内容生态。“人民号”上线一年多以来，已有超过 2 万家的各级主流媒体、党政机构及优质自媒体入驻，收录了近 300 万条优质内容，初步形成了具备主流价值的新媒体内容生态。

媒体融合已经进入到攻坚克难的关键期，主流媒体要结合自身定位，从商业平台的建设实践中寻求值得借鉴的经验，要以优质内容为核心，移动化为理念，社交化为抓手，智能化为赋能，生态化为目标，打造自主可控的新型传播平台，增强造血能力，将舆论生态的主导权掌握在自己手中，构建全媒体格局，形成现代传播体系。

3.5 主流媒体打造新型传播平台的路径规划

融合趋势下的新型传播平台是指坚持一体化发展方向，坚持移动优先策略，通过流程优化、平台再造，实现各种媒介资源、生产要素有效整合，实现信息内容、技术应用、平台终端、管理手段共融互通，催化融合质变，放大一体效能，以形成四全媒体为目标，做大做强主流舆论的主流媒体自主可控的新型传播平台。因此，新型传播平台的路径规划应该坚持移动优先，以四全媒体为目标将新型传播平台打造成全媒体；利用好内容优势这一根本优势，激活优质内容资源实现内容共生共享；传媒业的每一次重大变革都是由技术革命引领的，要将新兴技术运用到平台信息生产的全流程中；以“新闻 + 政务 + 服务”的形式贯穿整个平台的运营，以期服务人民、引导人民；不能仅以内容作为平台运营的模式，还应开展多元化经营完善平台的商业模式，最后应深入体制机制改革，一手抓建设、一手抓管理。

3.5.1 坚持移动优先打造四全媒体形成全媒体格局

不断有数据说明，移动互联网已经成为当今网民上网最主要的途径，主流媒体也逐渐意识到移动互联网对于融合转型的重要意义，坚持移动优先就是真正拥抱互联网思维，用互联网思维引导新型传播平台建设。全媒体不断发展，出现了全程媒体、全息媒体、全员媒体、全效媒体，信息无处不在、无所不及、无人不用，导致舆论生态、媒体格局、传播方式发生深刻变化，新闻舆论工作面临新的挑战。在媒体融合的关键时期，四全媒体的提出成为媒体融合向纵深发展的指南针。主流媒体要构建自己的新型传播平台，就要深刻理解全媒体的内涵，并在构建新型传播平台的过程中，尽力向全媒体的目标靠拢。

全程媒体是指媒体参与报道事件发生发展的全过程，突破了时间和空间的限制，适应移动传播时代对新闻生产的新要求，对新闻生产的全链路进行更新和更进，及时向受众传递信息。随着移动设备的快速迭代和可穿戴设备的普及，以及5G、大数据等技术的升级，使得媒体开展“行进式报道”成为可能。

全息媒体是指媒体运用先进技术，突破原有的新闻呈现方式，展现新闻的多元化、多样态，做到立体环绕式传播。在近年来的两会报道中，就有很多媒体利用VR/AR、AI等技术，创新两会报道的模式，还原两会现场，为新闻生产模式升级带来了更多可能。

全员媒体是指在移动互联网时代，人人都有麦克风，信息无处不在，出现了全民记者，新闻生产不再局限于专业的新闻从业者，整体进入信息生产的社会化时代。全员媒体标志着新闻生产的门槛降低，用户和媒体的地位走向平等。

全效媒体是指在大数据的助力下，信息传播的效果、效能和效率都能进行可回收和可视化，对数据的精确处理使每个用户的画像都清晰可见，基于此，媒体的精准推送能够最大限度地实现传播的目的。全效媒体不仅要求新闻的时效性，还要保证新闻的品质，做到“量”与“质”并重，以新闻专业主义的角度出发，核查信息源，面对复杂多变的网络舆论环境也依然能够体现高效能的传播力。对全媒体的深刻解读，有利于主流媒体更好的建设新型传播平台，把握全媒体时代的规律和趋势，牢牢占据舆论引导、思想引领、文化传承、服务人民的传播制高点，朝着构建全媒体传播格局迈进。

3.5.2 激活优质内容资源实现内容共生共享

内容优势是主流媒体的根本优势，无论传播形式和传播格局如何变化，用户对优质内容的需求不会改变。面对信息渠道选择的多样化，形成丰富又独特的内容是主流媒体打造新型传播平台的立足之本。党的新闻舆论工作座谈会强调，融合发展必须坚持内容为王，这为新型传播平台的核心功能做了定调。“1.25”讲话也提到要即时提供更多真实客观、观点鲜明的信息内容，牢牢掌握舆论场主动权和主导权。随着短视频成为信息传播的重要形式，各大主流媒体都在纷纷转向短视频市场。

据 CSM 统计，目前在更新的省级电视台主打新闻内容的短视频账号近 460 个，在各个平台上的累计账号达到 1300 多个。在腾讯视频、秒拍、今日头条、新土豆 4 个平台上，播放量处于各平台 Top1% 的账号累计有 11000 多个，其中纸媒、广播、电视在内的传统媒体账号累计 700 多个，占到发布总量的 14.9%，播放量占总量的 21%。传统媒体的短视频内容已经成为短视频头部竞争中的重要部分，在 5G 环境下的视频内容将会迎来更大的发展和挑战。

作为传统广电媒体，在视频制作上就有着良好的先天优势。2019 年 9 月 19 日，由人民日报社新媒体中心打造的短视频聚合平台“人民日报 +”正式上线，成为率先上线的国家队短视频聚合平台，“人民日报 +”以 PGC、UGC 和“人民问政”为主要特色，由快手提供技术支持。2019 年 11 月 20 日，中央广播电视总台旗下的短视频平台——“央视频”上线，利用大中台 + 小前台的设计，成为我国率先上线的 5G 新媒体平台。央视频 APP 首页包括电视、直播及用户管理页面，首页包括时事、推荐、关注 3 个栏目，央视频背靠中央广播电视总台，准备了96万条媒资，成品视频75万条，每天新增视频5000多条，个性化标签31万个，聚合了全国账号2366个，其中台内账号866个，台外账号1681个。推荐栏中是由央视频号发布的视频内容，目前央视频号一共有30个一级内容品类，253个二级内容品类，包括各类电视台号、政务号、媒体号、机构号、达人号和自媒体号构成内容来源①。在早前的招募宣传中，"央视频"官方微博在2019年9月26日发布了创作者招募计划，邀请各类内容创作者丰富内容生态。"央视频"的上线，打破了传统广电媒体固守自家内容的孤岛局面，盘活了总台长期积累沉淀的优质资源和全社会的头部力量，是主流媒体守正创新，以开放共享的姿态实现优质社会资源的整合与利用的新时代的实践探索。

各类新媒体、自媒体及商业平台的发展，使内容海量增长，人们不再只是被动的接收信息内容，互联网上的各类信息真假难辨，影响着人们的价值导向和行为取向，主流媒体肩负舆论引导的职责和使命，不仅守土有责，更要守土尽责，及时提供更多真实客观、观点鲜明的信息内容，牢牢掌握舆论场主动权和主导权。"1.25"讲话中对于主流媒体的舆论引导力问题，也要求主流媒体要敢于引导、善于疏导，原则问题要旗帜鲜明、立场坚定，一点都不能含糊。在打造新型传播平台的过程中，激活优质内容存量，打通平台实现内容的共生共享是主流媒体在下一阶段的深度融合中值得探索的方向。

3.5.3　将新兴技术运用到信息生产的全流程中

目前，我国的主流媒体现有传播平台的建设普遍存在技术短板，技术储备和技术投入与商业平台相比都有很大的差距。智媒体离主流媒体而言，还有很长的路要走。主流媒体在4G条件下的困境还未解决，又迎来了5G带来的更大挑战。在5G环境下，媒体终端将真正呈现万物

① 国家队下场短视频，广电自救开始？[EB/OL]. 壹娱观察. 2019 [2019-10-25].

皆媒的丰富性与复杂性，我们身边的一切物体都有可能成为终端，主流媒体如何在信息生产的过程中，与各种各样的终端适配，使内容呈现符合多种屏幕的传播特征，这种需求比现有的算法要求更高，依靠现有的人工智能在信息生产领域的应用还远远不能达到智媒体的要求。

先进技术在信息生产领域发挥的作用越来越大，每一次新技术新应用的发展都会对传媒业态产生重大的影响。目前的媒体融合大部分是以专业媒体的内容生产和创意策划与互联网公司的技术融合。作为新华社和阿里巴巴集团共同投资成立的大数据人工智能科技公司——新华智云，从“媒体大脑1.0”到“媒体大脑3.0”，每一次“媒体大脑”的发布都在推进媒体智能化的进程。2019年11月26日，新华智云发布了“媒体大脑3.0”，以版权区块链和AI内容风控方向为特色，为内容工作者在策采编发等全流程赋能。“媒体大脑”集纳自然语言处理、计算机视觉、音频寓意理解等人工智能技术，针对不同的融媒中心需求，既可以整体新建融媒中心，也可化整为零，以模块化的方式对现有的融媒中心进行智能化升级和改造。“媒体大脑”目前已覆盖700余万机构实体、1.4万余地点实体、300余万人物实体，可以将实时的新闻热点全面覆盖，自动匹配关联媒资，实时追踪热点路径，综合算法模型评估热点价值，保障热点榜单内容的高质量呈现。

在全球范围内，媒体智能化进入快速发展的阶段，除了与互联网公司合作，主流媒体要增强紧迫感和使命感，推动关键核心技术自主创新不断实现突破。2019年11月13日，科技部发布《关于批准建设媒体融合与传播等4个国家重点实验室的通知》，以适应全媒体时代发展需求，推动媒体融合向纵深发展，强化科技支撑（见表3-1）这4个实验室分别依托中国传媒大学、人民日报社人民网、新华通讯社新媒体中心、中央广播电视总台4个单位组建，批准设立媒体融合国家重点实验室意味着融媒体建设正式进入国家创新序列，从国家战略的角度推动媒体融合向纵深发展。

表 3－1 批准建设的国家重点实验室名单①

实验室名称	依托单位	主管部门
媒体融合与传播国家重点实验室	中国传媒大学	教育部
传播内容认知国家重点实验室	人民日报社人民网	人民日报社
媒体融合生产技术与系统国家重点实验室	新华通讯社新媒体中心	新华通讯社
超高清视音频制播呈现国家重点实验室	中央广播电视总台	中央广播电视总台

新型传播平台的建设需要内容和技术的双驱动，需要以先进技术为支撑、以优质内容为根本，实现真正意义上的媒体智能化。

3.5.4 以“新闻＋政务＋服务”的形式引导服务人民

以往主流媒体的传播平台都是以向用户提供新闻内容为主，但互联网平台的发展经验告诉我们，单一靠内容不能维持平台的可持续发展，因此主流媒体的新型传播平台建设必然要以提供内容服务为基础，辅以满足用户需求的其他服务，如政务服务、社会生活服务等满足用户需求的其他服务，共同构成功能丰富的新型传播平台。

由极光大数据发布的《2019 年 Q2 移动互联网行业数据研究报告》显示，截至 2019 年 6 月，我国移动网民用户数已增长至 11.34 亿。主流媒体的新型传播平台建设要把握从互联网到移动互联网的大势，做到因势而谋、应势而动、顺势而为，借助移动传播服务人民引导人民。2019 年 3 月，由甘肃新媒体集团打造的“新甘肃云”上线，该平台不仅包括报道指挥、生产发布管理、传播效果分析等模块，还提供舆情服务、培训服务、客户端增值及其他个性化定制服务等，并

① 媒体融合又有大动作！四个国家重点实验室获批［EB/OL］. 传媒内参 广电头条. 2019［2019－10－25］.

且支持县域媒体入驻；同年4月，由广东广电网络公司联合广东省27家市、县级电视台、报社共同搭建的“南粤全媒体智慧云平台”正式上线，平台包括媒体服务、党政服务、民生服务、公共服务和增值服务五大功能，实现了省、市、县、镇、村五级贯通；2019年6月28日，上海首批10个区级融媒体中心成立，客户端和全市统一技术服务平台也同步上线运营，这10个区级融媒体客户端以“新闻+政务+服务”为定位，将区级广播电视、报刊、新媒体资源全面聚合，并将提供区域内生活、教育、交通等便民服务；2019年11月23日，“北京云·融媒体”市级技术平台上线运营，该技术平台整合了党政部门信息资源，对接党政部门技术平台，未来将陆续提供申报审批、注册办证、办理社保、投诉受理等一站式政务服务；同时，还将智慧城市、智慧社区等便民服务融入其中，打造智慧广电融媒体，提供全方位的生活和基层服务，参与城市精细化管理。除了省级媒体将“新闻+政务+服务”作为下一步融合转型的重点方向，县级融媒体中心建设也对这一形式产生共识，作为跑在县级融媒体中心建设前列的邳州银杏甲天下APP，把全市政务信息资源整合到平台上，一方面建立政企号和信息发布平台，另一方面对接智慧城市，接入便民事项，打造掌上服务平台，目前已有60多家政企单位入驻，代运营微信18个，接入服务事项38个。为满足大量的民生诉求，还搭建了手机问政平台，网友在线反应诉求、政风热线栏目帮问、单位部门回复、栏目回访进展、纪委督查这一系列的流程响应市民诉求。主流媒体在新型传播平台构建中将智慧城市和智慧政务介入其中，有利于体现新形势下主流媒体对于服务人民引导人民的责任与担当。

随着媒体融合向纵深发展，主流媒体的新型传播平台要坚持以移动传播为导向，在5G环境下，不再局限于新闻报道和舆论引导，而是加大拓展平台的功能，与智慧城市、智慧政务紧密相连，发挥自身公信力和权威性的优势，打造成以提供新闻内容为基础，连接政务服务和公共事业服务的综合服务平台。

3.5.5　探索多元经营完善商业模式增强市场竞争力

探索多元经营，就是要因势利导，从自身实际情况出发，优化结构，多元发展，寻找更多的经济支撑点和增长点。

四川日报报业集团在媒体融合进程中，打破了传统的经营思维，探索出一条与互联网发展规律相适应的道路。利用媒体集团的资源优势，打造文创产业，布局实施川报文创综合体、安仁文创综合体、川西南传媒文化创意中心、八里庄综合文化产业基地等，多元项目在集团产业利润中占比接近50%，集团主要依托报刊主业支撑发展的结构性风险逐渐降低。2018年7月，四川日报集团与成都锦江区人民政府签署战略合作协议，双方将在引进文创企业，合力创建国家级文化产业园等各方面展开积极合作。

2018年，我国游戏市场收入达2144.4亿元。从2008—2018年的10年间，游戏市场已经成为中国传媒产业第三大的细分市场。除了打造文创产业园，主流媒体也在尝试跨界游戏市场。为庆祝中华人民共和国成立70周年，2019年9月24日，《人民日报》“中央厨房”碰碰词儿工作室与腾讯追梦计划联合推出了一款放置类模拟家园建设游戏——《家国梦》，这款游戏可以模拟建造工厂、农场、商场、学校、火车站等特色建筑，在自主建设的城市内可以了解扶贫攻坚、绿色出行、减税降费等政策。其中，“家国之光”玩法需要全体玩家一起共同达成成就，可以解锁300多张精美卡牌，这些卡牌都是我国优美的城市风貌和独特的地域文化。《家国梦》将中华人民共和国成立70年来的辉煌成就与游戏相结合，寓教于乐，用游戏的方式体验国家现代化的发展进程，在上线的几天内就进入Apple Store免费下载榜单前列。在网络游戏异化青少年成长及带来的各种问题上，《人民日报》与腾讯合作推出手游是主流媒体在新时期回应时代挑战做出的重大努力，是主流媒体转向“年轻态”的大胆尝试。在2019年5月，《人民日报》还联合国内体育品牌李宁推出联名卫衣、帽子等国潮服饰；联名茶饮品牌奈雪的茶推出“报款”红石榴饮品，还在北京与深圳共同打造“有为青年看报喝茶”快闪店。细数《人民日报》的众多联名产品，从服饰鞋帽到美妆护肤再到饮品游戏，开辟了一条媒体与实体品牌合作的不同以往的融合之路。

主流媒体的新型传播平台建设要发挥自身的品牌优势，广泛利用、整合社会资源和生产要素，才能破解媒体转型的生存危机，突破融合的边界，链接更广阔的社会资源和商业资源，通过市场化的方式整合各类资源“以我为主、为我所用”，才是真正的互联网规律下的融合。

3.5.6 深入体制机制改革一手抓建设、一手抓管理

从媒体融合一次次上升至国家战略层面就可以看出，媒体融合已经不仅仅是简单的业务层面和新闻单位的事情。媒体融合发展是一篇大文章，需要各级党委和政府从政策、资金、人才等方面加大对媒体融合发展的支持力度。各级宣传部门要改革创新管理机制，配套落实政策措施。下半场的新型传播平台建设更是需要相关部门的合力共建。

2018年3月21日，中共中央印发《深化党和国家机构改革方案》，方案中提到“撤销中央电视台（中国国际电视台）、中央人民广播电台、中国国际广播电台建制。对内保留原呼号，对外统一呼号为‘中国之声’。”此次中央三台合并，实现了中央层面的广播、电视、国内外传播机构的融合，是2018年媒体融合发展中最大的一次变革。在随后同年8月举办的北京国际广播电影电视展览会（BIRTV）上，合并后的中央三大台首次亮相，参展主题包括4K超高清、媒体融合和国际传播

三大主题，其中媒体融合主题分为12个部分，涵盖有线互动电视、IPTV、OTT、车联网等。

2018年4月，天津日报社、今晚报社、天津广播电视台两社一台整合为天津海河传媒中心，以“紧密型、两分开、融媒体、集约化”的十二字改革原则和目标对天津市的所有重要新闻单位实行集中领导管理。以不破不立、一步到位、合二为一的态度和决心进行了大力改革。在调整领导架构方面，整合为一套班子、一个法人、一个行政指挥系统、一个宣传策划中心，实现“报纸无社、广电无台”运行；在改革采编系统方面，将原来的“两社一台”采编人员、所有项目、平台等资源全部打包划入北方网，组建津云新媒体集团，将原来分散在不同媒体、不同部门的采编资源集中起来逐步进行整合，按照“中心制”统筹采编业务；在改革媒体结构方面，关闭10个子报子刊，关闭6个电视频道，调整区县联盟、音乐两个广播频率定位，停更合并5个新闻网站和3个新闻客户端；在改革经营资源方面，全面清理无关主业且亏损严重的经营性公司，关闭51家企业，裁剪安置冗员563人，对海河传媒中心瘦身健体，确保其轻装上阵。

深圳广播电视电影集团也进行了一场机构改革的“自我革命”，2019年4月29日，新挂牌成立四大中心和9个工作室，均由原频道的人员和组织结构整合优化而成，集团领导班子减幅31%，由13人减至9人；职能部门缩减8%，核减编制43个；目前集团人员数量比改革前缩减700多人，4家经营不善的下属公司被关停并转；地方媒体中的珠海传媒集团也由媒体机构间相互融合而来，珠海传媒集团由原珠海报业集团和珠海广电集团为基础，还整合了珠海市内其他国有传媒类资源，率先成为国内全媒体国有文化传媒企业集团，以公司化的方式整合技术、人才等资源，成立独立的新媒体运营公司。同时，建立专门的新媒体内容原创核心团队，通过整合报纸、电视、广播、网站等八大传播渠道，实现珠海市内的全媒体覆盖。新型传播平台建设是主流媒体深度融合下半场的重大课题，面对全球一张网，需要全国一盘棋，要坚持一手抓建设、一手抓管理，早日建成主流媒体自主可控的新型传播平台。

3.6　主流媒体打造新型传播平台的策略建议

商业平台的迅速发展，值得主流媒体借鉴其发展经验，由此得知主流媒体要建设新型传播平台就需要满足移动化、社交化、场景化、智能化、生态化的特点。综合前文主流媒体现有传播平台的问题，以及从商业平台发展中所得出的启示，再结合“1.25”讲话精神形成的新路径规划，从而认为主流媒体也相应地应从理念、内容、方式、形式、模式和手段6个方面打造自主可控的新型传播平台。

3.6.1　坚持主流价值导向，创新融合理念

(1) 从“一专”到“多能”，打造全媒体格局。

构建全媒体传播格局，即全程媒体、全息媒体、全员媒体、全效媒体。四全媒体的提出，为我国媒体融合下半场指明了道路和方向，要求主流媒体从以往专注于内容生产到全面提升各项技能，以四全媒体为目标，打造新型传播平台。

新华社打造的“现场云”就在一定程度上体现了四全媒体的建设目标。在全程方面，入驻现场云的媒体机构只需要一台手机就可以进行新闻直播，现场直接采集上传，后台即时审核发布，并对事件进行实时更进，缩短时间差，体现新闻时效性；在全息方面，从发稿数据来看，图片占比最多，短视频占比超过30%，纯文字的报道极少，并且媒体机构在现场云生成的所有直播和报道都能承载在H5页面中，支持各个媒体机构推广到其所有的终端和渠道；在全员方面，除开专业的新闻从

业者通过现场云进行采集和发布外，平台上还存在着非专业的自媒体和非媒体进行内容生产，如消防、公安等部门，他们提供的报道具有鲜活接地气的特点，针对此类模式，现场云还启动了拍客计划，组织自媒体入驻平台生产内容；在全效方面，现场云播故的短视频《为爱停留！热心小伙骑车为老太挡车流》在海外社交平台收获了近2亿的点击量。

（2）从“相加”到“相融”，提升媒体四力。

在媒体融合前期，主流媒体把在“两微多端”上取得的成效，作为衡量融合转型效果的主要指标，实则是一种表面上的融合。长此以往，甚至助推了商业平台的发展，使主流媒体的话语空间被不断压缩，传播力、引导力、影响力和公信力（以下简称“四力”）受到冲击。宣传思想工作是我党治国理政的重要方面，必须长期坚持。新技术革命带来了传播格局的巨大变化，提升主流媒体“四力”，是主流媒体在构建新型传播平台过程中的重要目标。

传播力是主流媒体“四力”建设的基础，在移动互联网时代，用户的关注度从大屏转向小屏，传统的报刊、电视、广播、网站等渠道面临着渠道失灵的困境，主流媒体的传播力也受到空前挑战。随着受众需求的不断变化，传受双方的地位也发生转变。如果主流媒体的内容还是呈现语言僵化、内容枯燥、形式单一的特点，传播力必然会下降。在构建新型传播平台的新时期，主流媒体要提升传播力就是要适应互联网分众化、差异化的传播规律，在坚持社会主义核心价值观的前提下，以生产人民群众喜闻乐见的内容为转向，大胆运用新技术创新内容生产方式，实现宣传效果的最优化。

现阶段，主流媒体的舆论引导力下降已成为不争的事实，正确的舆论导向能凝聚人心，错误的舆论导向会动摇人心。在人人都有麦克风的自媒体时代，一些商业媒体为追求经济效益，以劣币驱逐良币的方式野蛮生长，出现了许多与主流价值观相悖的现象，在这种情况下更需要提升主流媒体的引导力。提升引导力要讲究方式方法，要遵循互联网的传播规律，才能聚民心，暖人心。新型传播平台建立起的广泛连接，有利于主流媒体引导力的提升。

提升影响力的本质还是在于优质内容的生产，但信息爆炸导致的信息冗余，以及精准算法导致的信息茧房，都对主流媒体提升影响力带来挑战。主流媒体要想提升影响力，除了重视优质的内容生产还要借助技术的东风，把握内容需求的变化，实现弯道超车。

“后真相时代”的到来让主流媒体的公信力不断遭到质疑，官方舆论场和民间舆论场存在着摩擦和碰撞，要求主流媒体不断提升报道能力，优化报道流程，突破时间、空间的限制，快速真实的还原新闻现场，不断核查事实真相，提升主流媒体的公信力。

主流媒体的“四力”建设是相辅相成的，传播力是引导力、影响力和公信力得以提升的基础。主流媒体提升“四力”的过程，也是主流媒体走向平台融合的过程，提升媒体“四力”，将正确的舆论导向贯穿始终，是主流媒体的职责所在。

（3）从“协同”到“共赢”，处理好四对关系。

推动媒体融合发展，要统筹处理好传统媒体和新兴媒体、中央媒体和地方媒体、主流媒体和商业平台、大众化媒体和专业性媒体的关系，形成资源集约、结构合理、差异发展、协同高效的全媒体传播体系。主流媒体构建新型传播平台就是要正确处理好这四对关系。

处理好传统媒体和新兴媒体之间的关系，就是说传统媒体要向新兴媒体转型，媒体融合不进则退，要坚持移动优先策略，与新兴媒体优势互补，推动传统媒体向新型主流媒体升级迭代。

处理好中央媒体和地方媒体的关系。在媒体融合初期，全国各级媒体都展现出极大的热情，掀起了融合转型的高潮，但由于对互联网发展规律认识不深，出现了“村村点火，户户冒烟”的现象。经过不断的融合实践发现，媒体融合要顶层设计先行，根据自身条件，进行整体规划。对于中央级媒体，有雄厚的资金和技术支持，可以把建成新型传播平台作为发展目标；大多数省级媒体，可以建成新型主流媒体，扶持县级融媒体中心的建设；地市级媒体和县级媒体，作为媒体融合的“最后一公里”，在移动入口上，可以连接省级媒体平台努力发展新兴媒体；在运营上，要利用好互联网下沉趋势，整合优化本地资源，做好服务群众、服务人民的新型平台。基于此，我们才能建立起一个以新型传播平台为核心的现代传播体系。

处理好主流媒体和商业平台的关系。现阶段，商业平台的发展对我国主流媒体的主导地位形成了剧烈的冲击，虽然主流媒体以借力商业平台的“借船出海”形式，扩大了舆论影响力，但中央要求的主导媒体格局和舆论生态的任务依然没有完成，因此，主流媒体正在努力建设属于自己的自主可控的新型传播平台。但主流媒体在先进技术的运用上不占优势，因此，在新形势下，处理好主流媒体和商业平台的关系，就是要保证在主流媒体牢牢占据网络舆论主导权的前提下，与商业平台共生合作，优势互补。

处理好大众化媒体和专业性媒体的关系。我国大部分媒体都是生产大众化信息的媒体，拥有广泛的用户群体。专业性媒体专注深耕某一领域的内容生产，是两种不同类型的媒体机构。大众化媒体在发展过程中可能会成为综合型平台，专业性媒体则会逐渐向综合型平台的内容提供商转变。

在融合发展的关键期，要处理好这四对关系，抓住当前深度融合的主要矛盾和关键环节，为主流媒体建成新型传播平台厘清方向和道路。

3.6.2　深耕内容生态，创新平台内容

（1）以内容视频化为转型的重点方向。

第 44 次《中国互联网络发展状况统计报告》显示，截至 2019 年 6

月，我国网络视频用户规模达7.59亿，占网民整体的88.8%。其中，长视频用户规模为6.39亿，占网民整体的74.7%；短视频用户规模为6.48亿，占网民整体的75.8%，如表3-2所示。数据表明，网络视频应用已经成为继即时通信应用后，拥有最多用户的一类应用。

表3-2　网络视频和短视频用户数

应用	2018.12		2019.6	
	用户规模	网民使用率	用户规模	网民使用率
网络视频	61201万	73.9%	75877万	88.8%
短视频	64798万	78.2%	64764万	75.8%

自2017年3月开始，主流媒体陆续入驻抖音平台，《人民日报》、新华社和中央电视台等主流媒体先后开设抖音官方账号，并迅速积累了千万粉丝。由央视新闻在抖音打造的#主播说联播#特色话题，用网络化的语言，评论时事热点，以广大用户喜闻乐见的方式进行主流舆论的引导，截至2019年10月28日，#主播说联播#话题共发布了233个短视频，获得了超5亿次的播放量。

《2018抖音大数据报告》显示，截至2018年年底，抖音上有1344个媒体号，发布视频超15.2万个，累计获赞超26亿个。目前，《人民日报》粉丝量已达到4806.3万，媒体号粉丝量名列前茅。

2019年8月24日，《新闻联播》入驻抖音，这个平均日活用户过亿的短视频APP，体现了主流媒体在移动互联网环境下，积极扩大地域覆盖面、扩大人群覆盖面、扩大内容覆盖面的尝试和探索。新闻联播在抖音号发布的首条视频已有1779.2万的点赞，10万以上的评论。截至目前，联播的抖音号共发布了44条短视频，获得了4825.3万点赞。新闻联播入驻抖音，实现了主流媒体从传统电视到移动手机端，从大屏到小屏，从横屏到竖屏的转换，体现了主流媒体对于“人在哪儿，宣传思想工作的重点就在哪儿”的回应和努力。

随着5G的正式商用，5G时代加速到来，广接入、低时延、大流量、超高速的特点使得视频制作的门槛降低，短视频在5G时代下将会迎来爆发式增长，基于此，主流媒体也应该以内容视频化为转型方向，布局短视频产业。

首先，确立视频化的转型方向。作为以图文起家的封面新闻，在融合转型的过程中把全面视频化作为自己转型的战略路径，打开封面新闻APP，首页几乎看不到图文新闻，都是视频新闻。2019年年初，封面新闻提出了新的发展战略，其中就包括“视频传播”战略。目标是客户端内容以视频为主，独立视频占50%以上。2019年，封面新闻将实现由数字视频代替传统图文传播，形成视频主导的模式。

其次，让短视频更多地在自有平台上广泛传播。2018年3月，由腾讯提供技术支持，结合歌华有线的终端优势，融合人民网内容聚合的人民视频客户端上线，平台涵盖精选新闻、VR视频、直播、演播厅发布等各种形态的视听产品，联合政务机构和媒体机构发布优质短视频，体现了主流媒体在视频化时代下，传递主流价值观的责任担当。除了推出独立视频平台，《人民日报》APP也在首页开设视频频道，频道内包括了由入驻《人民日报》的媒体机构和自媒体发布的横屏短视频和竖屏短视频。

接着在短视频内容制作方面，主旋律短视频，可以成为新型传播平台创新舆论引导方式的新模式。在庆祝“改革开放40年”报道中，《人民日报》、央视新闻和新华社积极制作相关短视频，并借力短视频平台扩大声量。中央广播电视总台推出的《生于1978》系列报道，在微博平台累计阅读超过2000万次。

目前，已有不少主流媒体将短视频融入新闻报道中，以两会为例，在2019年全国两会报道中，Vlog（Video Blog视频日记）首次出现，以更贴近生活的表达方式，跳出传统严肃的视角对两会进行多角度的报道。央视网就在两会期间发布多条“VR Vlog”，以记者的第一视角呈现临场感极强的全景两会报道。除中央主流媒体外，地方主流媒体也广泛利用 Vlog 形式进行报道，浙江广电集团《“两会” Vlog》以 30 秒竖频的形式，记录代表委员金句；江苏广电总台推出的《两会 Vlog》，每天更新 1 ~2 条，单条点击量破百万。

面对短视频在移动互联网中强劲的发展态势，主流媒体在建设新型传播平台的过程中，首先就要树立起内容全面视频化的战略，在内容的制作方面，利用新技术新应用创新呈现方式，把视频化的思维体现在常态化的工作中，按照小屏的特点生产内容，在制作用户喜欢的视频内容的同时，也要将制作主旋律视频作为创新引导网络视频舆论空间的新模式，防止内容过度娱乐化，承担起主流媒体弘扬主流价值观的责任和义务。

（2）完善用户激励机制聚合多元内容生产者。

主流媒体长期以来以“我说你听”的方式，进行着信息生产和传播，随着社交化媒体的崛起，网民中希望表达诉求和观点的群体，与互联网共享开放的特性不谋而合，UGC 的生产模式应运而生。新型传播平台不仅应包括由媒体生产的体现主流价值观的内容，也应加入有用有趣的由用户生产的内容，以及垂直领域的专业内容，重视内容池组成的丰富性，持续为平台赋能，增强平台活力。

首先，在内容池构成上尝试聚合多元化的内容生产者。我国主流媒体在引入 UGC 生产内容方面，已经开始了有益探索。作为具有传统纸媒底色的新媒体平台封面新闻客户端，在思考用何种方式解决视频来源的问题上，以版权运营和 UGC 内容作为视频来源的两大渠道。封面新闻面向全球征集超过 1000 位“青蕉拍客”。同时，上线“青蕉拍客”专属频道，在专属频道中对拍客上传的作品进行集中展示。同样引入

UGC生产内容的，还有《齐鲁晚报》旗下的齐鲁壹点，依托“情报站”和“一点号”两个栏目，实现用户内容生产。其中，“情报站”有超过8万人的“情报员”，在“情报站”栏目，用户可以直接和记者在线互动，也可以上传内容，经过审核的优质内容还可以被推送到头条频道，进行全网分发。目前，两个栏目日均生产PUGC内容2000多条，“情报站”栏目目前已成为山东最大的UGC内容聚合平台。

除了引入UGC内容生产，主流媒体也要吸纳由PGC生产的专业垂直化内容。澎湃新闻的“湃客”就是典型的专业内容生产者。“湃客”中设置了“镜像”“眼光”“有数”“众生”4个栏目，其中“镜像”主要收录独家非虚构作品、“眼光”聚焦视觉创作、“有数”关注数据叙事、“众生”关注个体发声。4个栏目每天有超过20篇内容更新上线，使澎湃新闻的专业内容生产独具特色，吸引了众多用户阅读。

随着人工智能技术的不断成熟，机器生产内容（MGC）也应成为主流媒体的内容来源。新华社的“快笔小新”可以快速生成体育财经类新闻，浙江卫视、《广州日报》《光明日报》等多家主流媒体都研发并使用了由机器人生成的稿件。

其次，完善用户奖励机制驱动用户内容生产效能。为了吸引全球“青蕉拍客”入驻，封面新闻采取了多种运营手段，如互联网企业经常使用的“红包雨”策略。“青蕉拍客”视频一经采用，封面新闻随即进行全平台分发，通过对新闻线索的认定，给予单条视频100～10000元奖励，同时采取累积奖励机制；为庆祝中华人民共和国成立70周年，《人民日报》面向全球发起了“我与中国”短视频大赛，最高设立了10万元奖金，吸引了全球超过60个国家的创作者参与视频的拍摄与制作，获奖作品还将在《人民日报》各个平台进行展播。

3.6.3 引领舆论生态，创新传播方式

（1）借力新兴技术加速平台智能化。

Gartner 咨询公司针对全球 3000 多家企业调研后发现，媒体行业的数字化进程领先于其他行业，由数字化给企业营销收入带来的贡献占比中，媒体行业占到 35%。技术创新推动媒体创新，如今，人工智能技术已经运用到媒体生产、分发、管理和经营等各个方面。

利用人工智能技术加速平台的智能化，可以从以下 4 个方面着手。

首先是连接的智能化。连接的智能化可以从 3 个方面出发。其一，连接用户，人工智能带来的最大变化，就是从人找信息转变为信息找人，通过信息与人的匹配，实现精准推荐；其二，基于平台的开放和共享，实现数据供应商、数据需求方、价值网企业的连接；其三，拓展与工业互联网、智慧城市建设的连接。通过这样的连接，可以形成新的生态圈，可以拓展政务服务、媒体电商、数据库营销的跨界运营能力，形成产业全链路。

其次是产品的智能化。无论是 H5、全景式、沉浸式新闻，还是机器人新闻等各种新闻产品，产品的智能化都是生产出在用户出现需求趋势时，能够迅速输出信息流产品，满足用户需求。

再次是广告经营智能化，通过用户在平台的搜索、浏览、互动行为，通过人工智能深度学习，形成精准的用户画像，实现广告的精准投放。

最后基于以上 3 个方面的智能化形成平台的智能化，以用户为核心重构新闻生产与内容消费，运用算法不断优化智能分发。实现人机协同，形成完整的产消网络。同时，优化平台组织结构，形成扁平化、模块化的智能平台。

（2）转变话语体系重新主导舆论生态。

从网民年龄构成看，青少年群体是我国网民中很大一部分群体。据

CNNIC发布的数据，截至2019年6月，我国10~29岁网民群体占网民整体的41.5%。网络成为青少年对于社会认知、价值观影响的重要来源。从舆论构成看，《2017年中国互联网舆情报告》研究表明，在600多件网络舆情热点事件的社会评论中，90后约占评论总数的62%。不断的数据表明，年轻一代已经成为互联网上的主力军。

青年的理想信念关乎国家未来，主流媒体的新型传播平台建设就是要主导网络舆论空间，为广大网民特别是青少年营造一个风清气正的网络空间。

首先，要善于利用和制造网络流行语，再造主流话语体系。“2018年度中国媒体十大流行语”中的“命运共同体”和“锦鲤”同时入选了《咬文嚼字》公布的年度十大流行语。也从另一个侧面说明，主流媒体在网络空间的影响力。网民年龄结构的年轻化意味着媒体表达也需要年轻化，要用年轻人喜欢的方式传播主流价值观。作为中国之声的《新闻联播》一直以来都以严肃、权威的播报风格著称。自2019年7月以来，央视新闻APP连续策划并推出《主播说联播》系列微视频，用“主播说联播，今天我来说”的开场白，语言简洁大气，内容亲和，在网上形成热议。在信息爆炸的今天，从来不缺乏内容，缺乏的是优质内容，好的内容可以给用户带来收获感，获得信息的增量，并在时间的长河中，逐渐内化为一种指引人前行的精神力量，影响人的发展。主流媒体要重回传播主场，主导舆论生态，仅凭对内容的打磨还远远不够，还要将优质内容适配网络语境，转变严肃刻板的话语体系，用流行的表达传递主流价值观，传播正能量。

其次，用主流价值导向驾驭算法。算法已经成了当今互联网产品的标配，搜索引擎、聚合新闻客户端、网络音频应用，无一不在使用算法。算法大大降低了人们获取信息的门槛，使“知识普惠”从口号变为现实。但某些商业平台，在算法的驱动下出现了大量与主流价值观偏离的现象，如用“二跳”方式发布虚假广告、平台充斥大量低俗内容等。无论网上网下，大屏小屏，都没有法外之地，舆论飞地，用主流价值导向驾驭算法，就是要党管算法，在互联网时代，也要坚持政治家办网不改变，在网络空间中形成特色的话语体系，发挥主流价值的导向和引领作用。

3.6.4 重建用户连接，创新服务形式

（1）利用平台优势助力智慧政务建设。

“互联网+政务”在2016年政府工作报告中被首次提出，各级政府也积极响应，纷纷开通在线政务服务，力求让群众“最多跑一次”。据最新CNNIC数据显示，截至2019年6月，我国在线政务服务用户规模达5.09亿，占网民数量的59.6%。我国正处于各种观点相互碰撞，多元思潮不断涌现的转型关键期，移动互联网成为当今舆论的主战场，但正能量是总要求，新型传播平台就是要把制度优势转化为资源优势，助力智慧政务建设。主流媒体的公信力，以及长期积累的采编经验，对助力智慧政务具有先天优势。因此，利用平台优势去做连接，将各种资源整合到平台上，从内容提供商成为服务商甚至运营商，通过“媒体+政务”的融合共生，实现双赢。

利用平台优势助力智慧政务，首先要实现平台与政务服务之间的无缝连接。例如，广东省党员可以直接在“南方+”服务频道交党费；“长江云”接入了全省64个政府和行政机构，为市民提供出入境办证、检察院业务受理、执法办案查询等十几个项目的政务服务，实现了“指尖上的政务服务”。

其次，政务新媒体代运维。作为政府上传下达，了解民意的平台，需要专人打理和运营，但政府机关人员相对缺乏运营新媒体的经验，对互联网环境下的媒体语境不甚了解，因此要让专业的人做专业的事。例

如，瑞安日报社承接了宣传部、组织部、工商局、旅游局、税务局等多个部门的政务微信号代运维；《深圳晚报》代运维政务新媒体近200家、《深圳晶报》代运维112家，年收入已突破2000万元，毛利在30%左右。在此基础上，《深圳晶报》开办了政务联播，若深圳市发生了需要广泛传播的新闻，就可以将新闻在所有代运维的政务媒体号中同时发布，做到了资源利用的最大化。

最后，对接线上线下活动运营。每年地区政府都会举办很多的宣传活动，举办一场线下活动往往需要经历事前策划、选址、会场布置、活动宣传等一系列步骤，一些政府部门缺乏专门组织策划活动的人员，存在着需求缺口。苏州台旗下的“看苏州”就走出了一条串联用户，活动运营的融合之路。“看苏州”结合当地政府需求，承办每年大大小小近300场活动，涉及普法、环保、健康医疗等各个方面，活动平均每场都有500~800人参加，全年累计参加规模超10万人次；将活动直播接入“看苏州”客户端中，形成了线下活动，线上直播的联动效果，设置看直播参与投票、抽奖等活动，提高了用户活跃度，使平台和用户之间形成了强互动。

（2）助力智慧社区建设打通最后一公里。

我国的传统社区治理具有智能化程度低、结构不合理、分散化等诸多问题，亟须创新和转型升级。基层治理水平的好坏影响着社会的繁荣稳定和国家的长治久安，因此国家提出，要全面提高治理能力和治理水平现代化，在信息技术环境下，智慧社区应运而生。基层治理需要社会各个部门的合力共治，其中主流媒体就可以成为助力基层治理的重要手段和渠道，打造新型传播平台，为基层治理提供解决方案，创新服务形式。

首先，打造社交化的生活服务平台。本地生活服务泛指本地餐饮、美容美发、休闲娱乐、旅游出行等服务内容。以本地餐饮为例，外来旅游的人，想通过某平台知晓当地美食，就可以通过生活服务平台，基于地理位置得知周边美食，只有商家名称还不能做出选择，能够左右选择的是平台上用户的体验点评，结合用户真实体验的数据反馈，进行消费决策，消费后又会形成新的反馈，激励商家正向运营。由此形成用户与商家互动的 UGC 板块，有效配合平台的数据分析等功能，更好地为用户服务。

其次，根据前期对生活服务平台的数据收集与处理，形成社区生活数据库，为城市治理提供决策参考或解决方案。新型传播平台上连接着众多的传播渠道，平台可以收集用户发表的生活类意见和评论，对此类信息进行舆情研判并反馈给相关单位。根据分析其中的有效信息，分析城市治理热点，在平台上设置话题，吸引用户互动，收集信息，形成智慧城市数据库，与相关单位一起促进社区服务的提升，实现有效的城市治理，还可在此基础上探索发展数据库营销和数据库电商，实现媒体的产业化经营。

最后，连接县级融媒体中心，形成广泛互联。针对部分经营起来较为困难的县级融媒体，可以开放平台入口，实现一体化并入发展。例如，江西省分宜县融媒体中心，入驻“赣鄱云”省级平台，有利于打通“省市县”三级通路，既可以共享省级媒体的资源，又可以减轻自身新闻生产的负担。

3.6.5 互联网 + 跨界转型，创新商业模式

（1）打造平台 IP 形成文化 IP 产业链。

IP 即知识产权，在媒体融合背景下，IP 被赋予了新的内涵，逐渐形成了基于情感认同的文化 IP 产业。具有创意的 IP 内容是实现价值的前提，受众觉得有趣是 IP 的市场前景。文化 IP 具有高辨识度、自带流量及超强变现能力的特点，这与主流媒体的特性不谋而合。一切可以用

来再创作的资源，都可以进行IP化，新闻业的生产同样可以。文化IP产业链包括内容、变现、延伸3个环节。主流媒体要打造平台IP形成文化产业链，就要分别从IP文化产业链的3个环节入手。

首先，深耕内容层。内容是主流媒体的核心优势，广电媒体长期从事电视节目内容生产，一些栏目从开播至今已经有几十年的历史，在受众心中有很高的辨识度，但由于早期不受重视，没有形成规模化的IP运作。湖南卫视“爸爸去哪儿”就开创了IP运作的典范，掀起了卫视制作户外真人秀的热潮，自“爸爸去哪儿”播出后，全国每年多出了几百档户外真人秀。“爸爸去哪儿”还成为湖南卫视打开IP的钥匙，节目播出后还陆续上线了同名手游、同名大电影和亲子教育产品。

其次，探索多元变现方式。在央视播出，由董卿担任制片人的综艺节目《朗读者》，播出两季，豆瓣均分高达8.9，成为近年来的“现象级”文化IP。第一季推出的同名图书仅一个月销量就突破了60万册，目前总销售册数已接近200万册。湖南卫视芒果TV利用长期积累的用户资源，结合众多口碑自制综艺IP，开发综艺IP衍生品，如“快乐大本营”官方周边，包括明星同款衣物，具有马栏山Logo的帆布包、充电器等各类文创产品，采取预售的方式，预售数量达到上千件，利用粉丝经济，形成了独特的马栏山文化IP。

最后，拓展延伸层，以形成的文化IP为资源，举行线下主题活动，开设各类IP体验馆等。视频网站爱奇艺就利用线上IP资源优势，在线下打造“夏日青春漾”系列活动，在33天连续推出34场小活动，活动内容包括见面会、演唱会、嘉年华等，覆盖了线下近10万粉丝。由北京卫视播出的“上新了故宫”，以传承故宫文化为目的，邀请明星嘉宾进宫担任新品开发官，节目中的产品都在故宫博物院文创旗舰店展卖。2019年5月，依文集团与节目联合打造了第一家线下体验店，用强势的文化IP开展线下营销，延伸了IP的商业价值。

（2）跨界拓展多元业务服务产业融合。

自2011年起，新兴媒体的市场份额与传统媒体的市场份额逐渐拉开差距，到2018年传统媒体市场份额加起来不足新兴媒体的1/4。随后，移动互联网一跃成为龙头老大，并持续保持强势增长。媒体融合不断走向深水区，使传统媒体和新兴媒体的界限越来越模糊，随着2020年年底全面建成县级融媒体中心，我国的传媒产业，将呈现出自上而下的以互联网平台为核心的泛数字化媒体格局，从产业生态来看，消费互联网趋向饱和，产业互联网势头正劲。

主流媒体要意识到，仅以内容驱动无法长效赋能平台的可持续发展，主流媒体的新型传播平台，在坚持用优质内容和多元服务聚民心、暖人心的同时，要彻底抛开传统的思路和做法，拥抱互联网，通过跨界，尝试与传媒产业、其他产业的融合，探索新型传播平台的跨界融合发展，为传媒业增强造血功能，实现主流媒体的深度融合目标。

首先，探索与传媒产业进行融合，树立融合营销理念。2018年我国动漫总产值突破1500亿元，在线内容市场规模近150亿元。在此背景下，华数TV利用长期积累的受众和平台优势，大力推动硬件厂商和动漫企业深度合作。上海哈哈少儿频道作为华数TV的动漫专题运营平台，在精耕内容的同时还以“哈哈”这一卡通形象开发了众多动漫原创节目，并推出与“哈哈”品牌相关的路演和演出，积极参加线下漫展活动，成为国创动漫的先行者。

其次，利用平台广泛连接的优势，多元化发展，跨界融合。除了与传媒产业进行融合外，一些主流媒体还尝试与其他产业进行跨界融合，河南日报报业集团依靠品牌优势，大力发展投融资产业，建成了一体化的金融投资平台；成立大河传媒投资公司等专业性投资平台，还与其他省级媒体及专业投资机构一同设立产业发展基金，形成了传媒与金融行业的深度融合新格局；浙报集团也在媒体与产业融合的路径探索中找到了方向，2005年浙报集团就开始入局房地产、网游、电影、电商等多种产业。其中，“钱报有礼”电商平台，成为浙报集团“媒体+电商”的产业融合探索，“钱报有礼”利用了传统纸媒的发行渠道进行物流链的延伸，承诺上午下单，下午送达，形成了网站、微店和线下门店三位一体的购物模式；央视财经频道作为国家级主流媒体，打造《魅力中国城》形成“媒体+旅游”的产业融合模式，以《魅力中国城》为切入点，与湖北十堰合作成立了“魅力中国城·城市联盟”，还主办了《魅力中国城》文化旅游博览会，以国家级主流媒体之姿承担平台的社会职责。主流媒体的新型传播平台可以利用“媒体+旅游”“媒体+体育”“媒体+电商”“媒体+教育”等各种“媒体+”的形式，赋能产业融合，实现媒体与产业的融合发展生态。

3.6.6　改革体制机制，创新管理手段

（1）深入体制机制改革提升平台活力。

深度融合的关键在于体制机制创新，旧有的体制机制明显不能满足当今的发展，体制机制改革也是硬骨头，要敢啃敢干，不破不立。从互联网到移动互联网，传播生态、发展业态都对传统的体制机制提出了挑战，资源配置不到位、权责划分不明确、绩效考核不合理都大大影响了从业者的积极性。“天下之事，非新无以为进。”建设新型传播平台作为媒体深度融合的新课题更加需要守正创新，一手抓融合，一手抓管理，以尝试工作室制度和创新激励机制深入改革，提升平台活力。

为提升平台活力可以试水工作室制度、项目团队制度，工作室和项目团队制度是媒体融合时代探索人才融合的创新路径，有利于聚集各领域的行家里手，满足用户的多元化需求，提升工作效率。目前，已有部

分主流媒体开始了工作室制度的探索，从他们的探索过程中，可以为新型传播平台发展工作室制度提供经验借鉴。为应对短视频发展大势，苏州广电尝试探索工作室制度，在全台招募成立短视频工作室，10 位年龄不一、岗位不同、专业背景不同的中青年业务骨干集中在一起，从头开始到互联网短视频公司脱产学习，创作了多条全网点击过千万的正能量原创短视频；与大部分广电媒体的制播分离不同，湖南卫视探索出内部工作室 2.0 版，进阶版的工作室制度增强了对头部人才的保护，分设制作人和项目总导演，项目总导演可由 35 岁以下的优秀年轻导演担任，增添了工作室活力，打造了良好的内部竞合生态。

创新激励机制，既要创新对内部从业者的激励机制，也要创新对用户的激励机制。一是以从业者来说，对引起较大关注、形成良好口碑的融媒体产品设立人员嘉奖；在内部进行评选互投，对互投前几名的人员以资奖励；还可以举办新媒体大赛，用竞赛的方式选出“年度”最佳项目，提供奖励金。用各种激励方式提升平台活力。二是创新对用户的激励机制和扶持计划，新型传播平台的定位是以用户为中心，要通过各种正向激励使用户形成对平台的依赖，吸引用户更多地投入到平台的内容生产中。关于用户激励，可以从“学习强国”APP 的激励机制中获得借鉴，“学习强国”APP 通过登录、阅读文章、视听学习、答题、订阅、分享、发表观点等 10 多种积分换奖励的方式激励用户，最新更新的“学习强国”商场兑换规则，用点点通代替积分，2019 年 7 月 1 日前的学习积分等量兑换点点通，用点点通可在“学习强国”APP 商场兑换流量券和图书券，学习积分成为用户永久积累的成长依据，这也意味着，想通过点点通去商城兑换奖品，就需要花更多的时间在“学习强国”APP 上。

(2) 建立融合评估指数规范行业发展。

在移动互联网还未出现之前，传统媒体自建渠道，传播渠道容易监管和量化，能够有效保证信息的准确和专业。但随着移动互联网的发展，受众的注意力和流量都被商业平台吸引，原有的传播渠道被打破，由于融合的效果缺乏科学和行之有效的评价体系，商业平台又以追求经济效益最大化为目的，以劣币驱逐良币的方式疯狂扩张，各种网络乱象层出不穷，污染了网络空间。在深度融合背景下，主流媒体的新型传播平台被定位为网络空间下的新型传播平台，更要明确规范行业发展，净化网络空间，主导网络舆论的使命和担当。

2018 年 6 月 8 日，央视市场研究（CTR）发布了媒体融合效果评估体系，监测包括微博、微信、自有 APP、官网和第三方平台共计 5 个渠道，分为 5 个一级指标和 10 个二级指标进行效果评估。现阶段对媒体融合效果的评估依然是从粉丝量、阅读量、下载量等指标进行评价，对于融合的变现能力、盈利能力等缺乏有效评估。

主流媒体的新型传播平台应该从融合的各个维度进行评估和衡量，坚持提高主流媒体的“四力”不动摇，量化媒体的各类互联网指数，同时应该将媒体融合的退出机制考虑在内，实现媒体格局和舆论生态的供给侧改革。

对媒体在互联网中的各类指数进行量化。媒体融合的核心是实现主流媒体的互联网化，量化各类互联网指数，就是要把新型传播平台的内容生态、用户生态、价值生态等一系列生态进行评估和衡量。

建立融合的退出机制。退出是指经营不善或难以为继的媒体机构停止运行，有进必有出。对只有进没有出，存量冗余这类媒体机构建立退出机制，可以整合资源，进行一体化发展，有利于完善存量的结构，实现传媒业态下的供给侧改革。

3.7　总结

2019 年，媒体融合即将走过第一个 5 年。5 年来，国家从顶层设计出发标定了融合的方向和路径，从媒体融合 1.0 点到深度融合 3.0，全国各级媒体从内容、渠道、平台、经营、管理 5 个方面进行融合发展，其中平台融合越来越受到重视。

本书通过分析主流媒体现有平台的类型，以及发展过程中存在的问题认为，目前主流媒体的传播平台根据性质的不同包括内容型平台、服务型平台、电商型平台和产业型平台。这四类平台又以内容型平台的建设最为普遍。由于技术和机制的制约，现有平台融合效果不佳，融合力度不大，并且普遍存在缺乏顶层设计、互联网思维不强、平台功能单一、用户黏性差等问题。要加强顶层设计，打造新型传播平台，建成新型主流媒体。面对商业平台的不断冲击，主流媒体亟须打造自主可控的新型传播平台。

“临渊羡鱼，不如退而结网。”主流媒体的新型传播平台是区别于商业平台，也不同于旧有平台的，是整合所有媒介资源和生产要素以打造四全媒体为目标的自主可控的新型传播平台。

商业平台在发展过程中呈现出移动化、场景化、社交化、智能化和生态化的特点，这也是现今移动互联网普遍存在的特点，因此，建设新型传播平台就是要把握互联网的发展规律，用得好是真本事。

本书认为，主流媒体打造新型传播平台的路径规划首先是以四全媒体为目标。其次，利用好主流媒体长期掌握的内容优势，实现平台内容的共生共享。再次，要将新兴技术运用到信息生产的全流程中，体现信息生产的智能化，并以“新闻 + 政务 + 服务”的形式服务人民引导人民。主流媒体的新型传播平台还肩负着完善商业模式的使命和任务，要积极探索多元经营反哺平台持续发展。最后，要以不破不立的决心深入体制机制改革，一手抓建设一手抓管理。

以主流媒体新型传播平台的路径规划为引领，本书认为主流媒体的新型传播平台建设，首先应该创新理念观念，彻底拥抱互联网，以互联网思维指导平台建设，以建成全媒体格局的现代传播体系为目标。其次，应该创新内容建设，内容是主流媒体的核心竞争优势。当下，短视频发展势头强劲，新型传播平台应以内容视频化为转型的重点方向，以传递主流价值观为导向，以用户为中心，创新激励机制，鼓励多元内容生产者，丰富平台内容，让用户爱看爱用；在创新传播方式上，新型传播平台要转变话语体系，以用户喜闻乐见的方式传递主流价值观，利用各种先进技术打造智能化平台；在创新服务形式上，与政府部门合作，接入政务服务；与社区连接，提供社区生活服务，整合资源数据共享，赋能县级融媒体中心建设，打通基层治理体系，形成多元、立体、数据化的服务矩阵，从内容供应商成为服务商甚至运营商；在创新商业模式上，主流媒体要意识到，不能仅以内容驱动平台发展，还要拓展丰富多样的变现模式，为新型传播平台提高造血能力，如延伸品牌价值，打造平台 IP 形成文化 IP 产业链；互联网的下半场是产业互联网的崛起，这是一块还未被拿下的新高地，利用新型传播平台的优势，探索“媒体 + 旅游”“媒体 + 教育”“媒体 + 电商”等各种“媒体 + ”模式，大胆跨界，成为新赛道的规则制定者，“以我为主，为我所用”，实现主流媒体从平台化到生态化的转型；在创新管理手段上，尝试工作室制度和项目团队制度，形成良好的内部竞合，创新对内部从业者和用户的激励机制，激发平台活力。最后，建立科学的媒体融合评估体系，量化各类互联网指标，对经营不善的媒体机构实行退出机制，完善存量结构，整合资源一体化发展。在此基础上打造自主可控的新型传播平台，形成主流媒体主导的媒体格局和舆论生态。

第 4 章　媒体融合规划与建设示例

4.1　县级融媒体中心的规划与建设

2018 年 8 月全国宣传思想工作会议指出，要扎实抓好县级融媒体中心建设，更好引导群众、服务群众。这一重要指示掷地有声，县级融媒体中心不是建与不建的问题，而是如何做出实效、做出特色、做成标杆的问题。

县级融媒体中心是打通基层宣传思想文化工作“最后一公里”的重大举措。当前，各地的县级融媒体中心建设如火如荼，需要重点指出的是，各地县级融媒体中心的建设尚处于摸索阶段，远没有形成可复制的标杆性模式，而且建好是基础，运营好才是关键。

县级融媒体中心，规划需要新高度，建设需要新模式，运营需要新举措，发展需要新方位。需要综合考虑基层宣传思想文化工作、新媒体监管、引导新媒体正确发声、舆情实时监测、净化网络空间等方方面面的要求，需要做成亮点突出、新闻点突出、实用性突出、模式突出的融媒体平台，唱响主旋律、传播正能量，同时实现基层宣传思想文化工作创新、文明实践创新、宣传渠道创新、媒体管理创新、网络监测创新和县级媒体发展创新。

4.1.1　县级融媒体中心建设的指导思想

县级融媒体中心的建设，要深入贯彻落实有关于党的意识形态工作和宣传思想工作的新思想；要深刻领会中央对推进县级融媒体中心建设进行部署的新思考和新要求；要深刻领会国家广播电视总局对县级融媒体中心建设提出的新要求，尤其要注意国家广播电视总局倡导要跳出“频道和频率”的固有思维模式和建设县级融媒体的新建议；要全面贯通全省宣传部长会议精神，在宣传领域、县级现代传播体系领域、县级媒体体系建设领域和网络监管体系领域等层面做出特色、做成标杆，用具体的举措和实实在在的模式，让县级的出彩举措一个接一个、亮点一个接一个；要重塑全媒体姓党，包括党媒姓党和新媒体姓党的舆论生态和政治生态；要深度思考国内外媒体融合实践过程中的实与虚、经验与教训、口号与实干，建立以市场为导向的发展体系，以防止我们走弯路，让我们的工作做实、做精、做专、做强，打造体系性的“县级出彩模式”。

4.1.2　县级融媒体中心建设的新模式

互联网已经成为今天意识形态斗争的主战场。党的十九大报告指出，牢牢掌握意识形态工作领导权，高度重视传播手段建设和创新，提高新闻舆论传播力、引导力、影响力、公信力。从一定意义上说，谁赢得了互联网，谁就赢得青年。

深入学习贯彻习近平总书记系列重要讲话精神、深入贯彻中央的系列部署，县级融媒体中心建设将紧紧围绕“举旗帜、聚民心、育新人、兴文化、展形象”的新使命，从以下 5 个方面的融合进行系统的初期建设。

（1）基础层面的融合，强化公信力。重点是县级媒体与新媒体的融合。

（2）拓展层面的融合，拓展引导力。重点是县级公共媒体资源的融合，包括县级媒体以外的政府网站、内部刊物、客户端、微博、微信等的融合。

（3）主阵地的融合，增强传播力。重点是本地有影响力的新媒体的融合，尤其是本地自媒体的融合。

（4）新网络的融合，扩大影响力。重点是建设遍布城乡的信息员网络，即信息员网络的融合。

（5）新模式的融合，夯实发展力。重点是融媒体中心的宣传工作深度融入县级的经济社会发展。

以上 5 个层面的融合，拓宽了县级宣传平台的传播渠道、扩大了县级宣传平台的影响力，抓住了新闻舆论宣传的核心阵地，牢牢掌握了宣传思想工作的领导权、主导权和话语权。同时，建立了遍布城乡的信息员网络，能及时掌握城乡的社情民意，为推进县级的和谐稳定发展提供强有力的保障。

以上 5 个层面的融合，多层次、多角度相互协同，可以建立县级现代传播体系、县级全新媒体体系、县级舆情监测大数据体系、县级信息员网络、县级新媒体矩阵，形成县级大数据平台，夯实县级融媒体中心发展的模式，让各区县上下同心，在新时代诠释全新的创新精神。

4.1.3 县级融媒体中心解决的基础问题

县级融媒体中心建设的新模式，主要解决以下三大基础性问题。

（1）县级网上和网下舆情监测。

传统的舆情监测以网上的舆情为主，县级融媒体中心同时贯通网上和网下，网上的舆情监测和网下的社情民意组成全新的舆情监测大数据体系，因此，基于舆情实时监测，可以做到舆论正确引导、意识形态分析研判、社情民意动态预测、社会思潮预警防控。

（2）统一监督、统一管理新媒体，让新媒体统一发声。

县级融媒体中心可以实现一个声音、全线突破、全面发声、全网监测，以重塑县级媒体格局和舆论生态。因此，一方面，可以对微博、微信等新媒体进行有效的监督监测；另一方面，初期将县级内的微博和微信等新媒体纳入统一管理，逐步扩大到音视频等新业态，让新媒体围绕中心、服务大局，紧紧地跟着党走。

需要着重指出的是，县级融媒体中心可以让新媒体更好地实现自身价值，让新媒体心甘情愿地跟着宣传部走，用价值实现的方式形成新媒体姓党的政治生态，让党的声音和主张通过居民喜闻乐见的新媒体传播到各个角落。

（3）形成以县级媒体为核心的全新传播体系。

县级媒体需要占领舆论宣传的制高点并主导县级传媒格局，需要在把好导向、传播正能量、弘扬主旋律的基础上实现经济效益的高增长，甚至质的飞跃。

县级融媒体中心构建了以县级媒体为核心、县级公共媒体资源为支撑、县级自媒体网络为主战场、县级信息员网络为触角的全新媒体体系和传播体系，让县级媒体拥有调动区域内各类媒体“为我所用、听我调遣”的核心平台，更牢牢掌控了新媒体这个主阵地和主战场，为实现社会效益和经济效益双丰收奠定了坚实的基础，让县级媒体获得可持续发展的动能，不依赖县级财政，让县级媒体焕发活力。

4.1.4　县级融媒体中心建设的新方位

解决基础性问题是出发点，瞄准新方位才是可持续发展的核心抓手。

（1）推动基层宣传思想文化工作改革创新。

中共中央政治局委员、中宣部部长黄坤明在河南调研时强调，推动习近平新时代中国特色社会主义思想深入人心、落地生根，是做好新时代宣传思想文化工作的重中之重。要积极探索新时代文明传习中心建设；做好新时代宣传思想文化工作，重点在基层，关键在创新；要打通基层宣传思想文化工作到达群众的“最后一公里”；要大力推进媒体融合发展，创新建设县级融媒体中心。在全国宣传思想工作会议上，习近平总书记号召要推进新时代文明实践中心建设。

文明实践中心、融媒体中心和志愿服务中心并不是割裂的，县级融媒体中心同时将为文明实践中心和志愿服务中心搭建全新的传播体系，将宣传触角渗透到城乡的各个角落，为相关工作搭建好信息高速公路。

（2）以支系媒体为着力点、全盘激活国家媒体体系。

宣传思想工作创新，重点要抓好理念创新、手段创新、基层工作创新，努力以思想认识新飞跃打开工作新局面，积极探索有利于破解工作难题的新举措新办法，把创新的重心放在基层一线。

此次中央对推进县级融媒体中心建设进行的部署，意味着推进媒体融合工作重点从省以上媒体延伸到基层媒体、从主干媒体拓展到支系媒体，支系媒体的改革将促进国家媒体体系的全盘激活。为此，县级台是依托，但不仅仅是频率频道的融合；融媒体的目的是巩固和扩大基础宣传文化阵地，解决好基层媒体资源重复分散问题；有利于巩固舆论阵地，有利于激活县级台创造活力，各级党委政府就应予以支持。

县级融媒体中心紧紧围绕最后一公里思想宣传文化工作，搭建好县级现代传播体系和县级全新媒体体系。以此为基础，在县委宣传部的统筹规划下，全县各部门、各战线统一行动、形成一盘棋。

（3）贯通网上和网下，形成多时空联动的舆情监测大数据体系。

净化网络空间是一个重要议题，也是一个难题，要依法加强网络空间治理，加强网络内容建设，做强网上正面宣传，培育积极健康、向上向善的网络文化，用社会主义核心价值观和人类优秀文明成果滋养人心、滋养社会，做到正能量充沛、主旋律高昂，为广大网民特别是青少年营造一个风清气正的网络空间。党的十九大报告指出，加强互联网内容建设，建立网络综合治理体系，营造清朗的网络空间。

营造清朗的网络空间，网上是主战场、网下是策源地，县级融媒体中心同时贯通网上和网下，形成多时空联动的舆情监测大数据体系，让“绿水青山”同时遍布网上和网下。

4.1.5　县级融媒体中心出彩模式

县级融媒体中心，既可以建设成直接与国家级媒体平台和省级媒体平台打通，又可以让宣传触角遍布城乡各个角落，让主旋律正能量一键精深传播，让舆情大数据多时空互联互通，用价值化让新媒体自愿姓党，让县域网上网下遍布绿水青山。而且，新模式让县级媒体成为县域宣传思想工作大数据服务平台、县域新兴媒体监测和领导平台、县域社会管理大数据服务平台及县域广告业务总入口和总出口，解决县级媒体的生存和发展问题，让县级媒体铆足劲方能明确方向、更好服务。

4.2　高校思想政治工作融媒体平台规划与建设

新时代，高校思想政治工作遇到的挑战更加严峻、承担的任务更加繁重，还存在一些亟待解决的问题，需要下大气力加以解决。

全国高校思想政治工作会议提出，推动高校思想政治工作改革创新的“新办法”之一是运用新媒体、新技术使工作活起来。高校思想政治工作融媒体平台的规划和建设需要紧紧围绕这个层面，以问题为导向，在系统分析新媒体、新技术带给高校思想政治工作新挑战、新难题、新问题及新要求的基础上，探讨高校思想政治工作基于大数据的融媒体平台创新发展举措，并以此为基础，带动思想政治工作精准、高效展开。

具体而言，高校思想政治工作融媒体平台的规划与建设可以围绕以下方面提出实用性举措。

①新基础：数据是新动能，以大数据为驱动、精准高效。

②新核心：融媒体中心聚合优质资源，服务点、线、面。

③新依托：新媒体矩阵有的放矢，现代传播体系全覆盖。

④新目的：一个声音、全线突破、全面发声、全网监测。

⑤新常态：传播正能量、唱响主旋律、学习践行新思想。

⑥新台阶：社会主义核心价值观贯穿于办学育人全过程。

即以大数据为驱动，以融媒体平台为基础，整合校园媒体资源和师生自媒体资源，构建新媒体矩阵和现代传播体系，贯通网上和网下、上传和下达、学习和实践、宣传和行动、点线面等各类时空，服务于高校思想政治工作，将传统说教式、灌输式模式与亲和式、沉浸式模式相融合，让学生成为思想政治工作的主人公，同时又夯实学校党委在意识形态领域的领导权、主导权和话语权，提升思想政治工作能力和水平。

4.2.1 平台建设的理论基础

传统教育引导方式面临网络新媒体的挑战。大数据时代下高校思想政治工作的主客体发生深刻变革，柏龙彪（2016）认为大数据时代的到来，使得高校思想政治教育的教育客体（即高校学生）向互联网社群转型。与此相应的是，高校思想政治工作者的权威受到挑战，荆媛（2010）指出网络时代，学生可以成为自己学习过程的主体，他们在网络平台上可以选择不同的教育内容，甚至可以自由选择教育者，这对教育者的权威地位提出了挑战。与此同时，网络给学生带来了诸多负面影响，刘辉（2014）指出大数据时代下，信息的碎片化、受众的细分化，容易给高校思想政治教育的传播带来“信息茧房”效应；李尚旗（2014）指出由于大学生处于人生价值观的关键时期，政治鉴别能力不强，很容易受到不正确的政治价值观念的影响。诸多因素叠加，导致传统思想政治教育影响力下降，司忠华（2017）直言传统思想政治教育面临着思想政治教育的学术领袖不能成为舆论场的“精神导师”、思想政治教育的理论话语不能转化为网络语言、思想政治的“好声音”不能成为舆论场的主旋律的尴尬局面。

为此，高校思想政治工作需要创新发展，思想政治工作者要转变思维，重视大数据和新媒体在思想政治工作中的重要作用，培养数据思维、互联网思维和用户思维。孙伟、胡颖（2017）认为，高校思想政治教育工作者要放低身段，平等交流，善于活用大学生受众群体的语言，甚至要先站在他们的立场上，拉近心理距离，让思想政治教育的互动流畅起来，形成“滴灌式”引导；汤力峰、王学川（2012）提出，在思想政治工作中，要重视意见领袖的重要性，积极培养专家型的思想政治工作队伍，并且培养以学生党员、学生干部、社团干部等学生骨干为依托的大学生“意见领袖”；张梅花（2014）提出了高校思想政治协同创新模式，即利用自媒体充分张扬人的个性、挖掘人的创造力的模式；郑运旺（2017）指出人人都可以成为思想政治教育工作者，微博上每一次有感而发、微信朋友圈的每一次转发，都可以是价值观的引领、正能量的传递和良好舆论环境的塑造。

在实践层面，我国高校思想政治工作则主要集中于思想政治课程、思想政治课堂、工作格局、示范课堂、主题教育、红色体验、教学方式、研究中心建设、师德考核等主渠道建设和传统方法的改进和提高。

思想政治教育不是我国独有，在英国、加拿大、德国被称为“政治教育”，在美国、法国被称为“公民教育”。国外发达国家的思想政治工作模式较为系统，具体表现在以下 3 个方面。

①教育内容具有丰富性和政治性。美国教育家杜威曾提出“教育即生活”“学校即社会”等重要观点，在美国，从小学就鼓励学生参加社区志愿服务，潜移默化地将所学内容实践化、生活化；同时，利用宗教教育落实思想政治教育和灌输意识形态，以此获取民众对国家政府的支持和认同。

②教育形式注重多样性和简单化。美国充分利用互联网、革命纪念馆、历史博物馆、名人故居、公园等各种形式，传播美国政治思想，渗透美国主流价值观。

③教育环境注重家庭、学校、社会相互作用。美国充分利用网络平台将家庭教育、学校教育和社会教育相融合，向大学生灌输资本主义价值观念和国家观念，大力宣传资产阶级意识形态和美国的爱国主义观念，从而影响公民的政治倾向、价值取向和生活方式。

将思想政治工作实践化、生活化、社会化和日常化的模式，值得思考和借鉴。

综上所述，国内外的研究偏重于思想政治教育、以夯实传统优势为主；运用大数据、新媒体开展思想政治工作尚处于探索阶段，没有高度融合，更没有形成系统化的解决思路。要“跳出高校看高校”，运用新媒体、新技术，推动思想政治工作传统优势同信息技术高度融合，使思想政治工作联网上线，增强时代感和吸引力。

4.2.2 高校思想政治工作面对的问题及平台需求

（1）高校思想政治工作面临的新挑战和新要求。

高校思想政治工作面临的新挑战如图 4 – 1 所示。

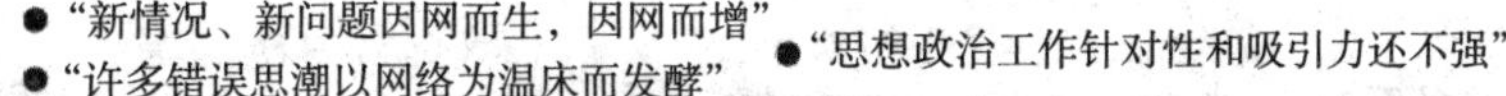

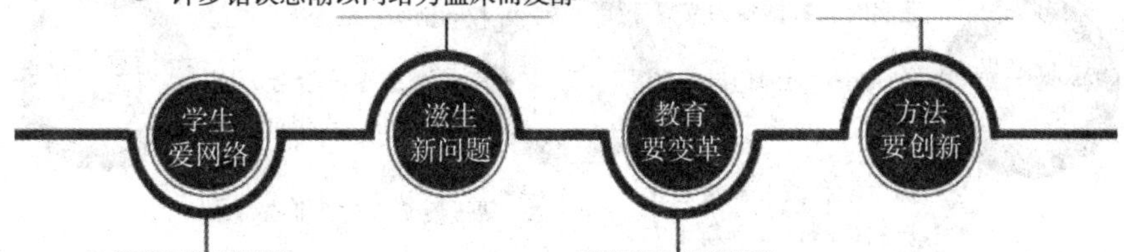

图 4－1　高校思想政治工作面临的新挑战

新时代，面对网络媒体的挑战，高校思想政治工作有了新要求，高校思想政治工作的新要求如图 4－2 所示。

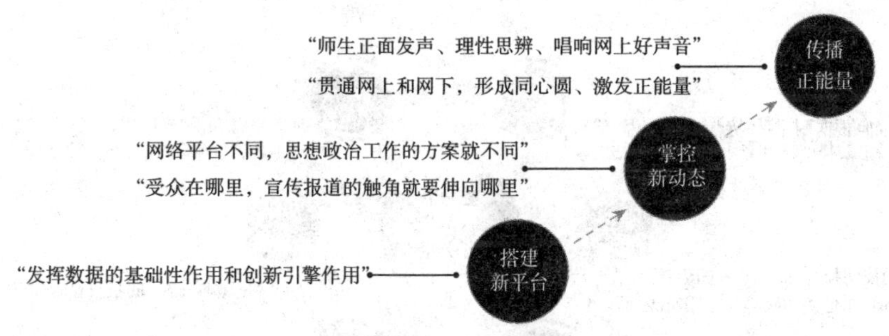

图 4－2　高校思想政治工作的新要求

（2）高校思想政治工作面对的新难题和新问题。

高校思想政治工作面对的新难题，包括"思政学做难一体、思想政治工作缺平台和信息管控缺渠道"3 个方面，如图 4－3 所示。

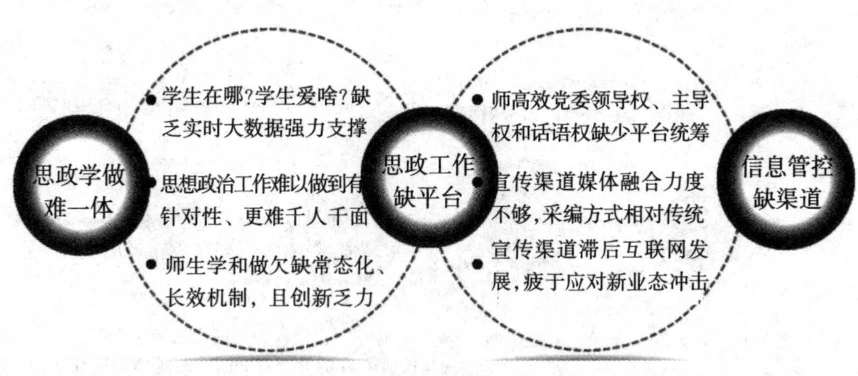

图 4-3　高校思想政治工作面对的新难题

高校党委宣传部工作中面对的新问题，包括高校党委宣传部人员少、任务重、缺少平台，面对诸多繁杂的问题，需要借助信息化的手段和工具，进行有效应对，如图 4-4 所示。

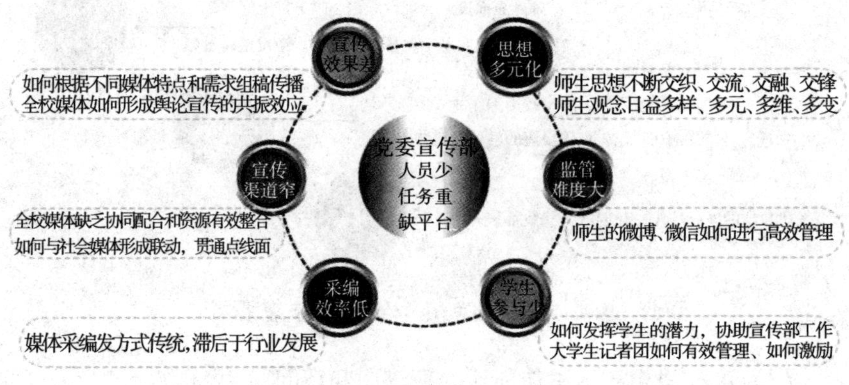

图 4-4　高校党委宣传部工作中面对的新问题

（3）高校思想政治工作的新平台。

高校思想政治工作全媒体平台，以学习宣传贯彻总书记思想为主线、服务于高校思想政治工作。平台有四类核心模块：大数据分析、舆情防控、媒体融合和现代传播体系建构。

平台以大数据为驱动，以融媒体中心为基础，以构建新媒体矩阵和现代传播体系为依托贯通各个时空，同时可以延伸为各类平台，服务于高校思想政治的各项工作，如图4－5所示。

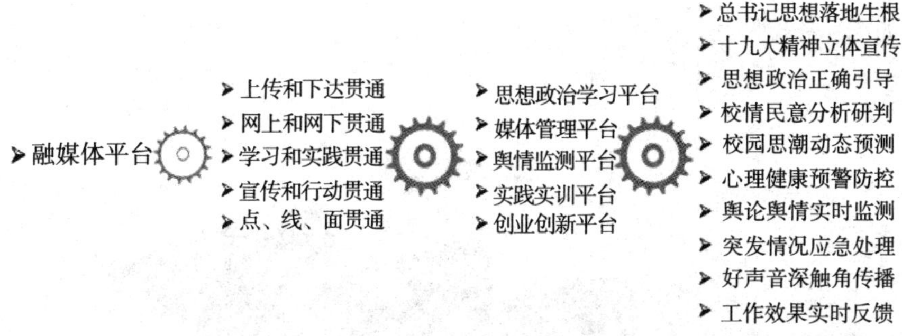

图4－5　融媒体平台服务于各项工作

（4）高校思想政治工作的新举措、学生出彩的新舞台。

思想政治工作体系是人才培养体系的重要内容，思想政治工作体系需要与学科体系、教学体系、管理体系等相互支撑、相互赋能、创新驱动、智慧引领；思想政治工作需要深度融入学习、实践、实训、双创和学科建设等层面；同时，让专业团队、专业人才用专业手段为思想政治工作提供专业支撑，如图4－6所示。

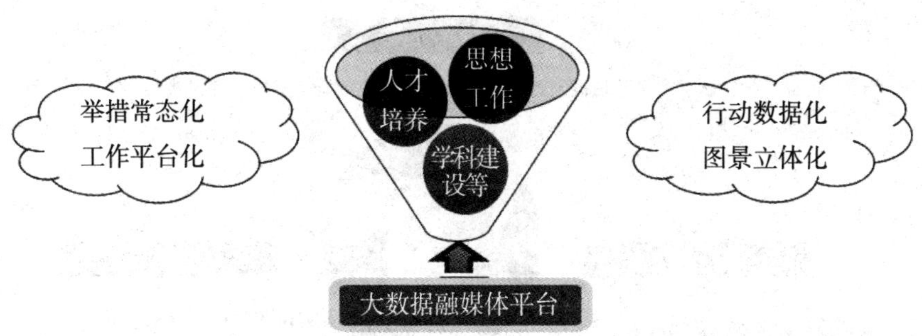

图4－6　高校思想政治工作的新举措

十九大报告指出：全党要关心和爱护青年，为他们实现人生出彩搭建舞台。学生更懂网络、学生更了解学生，大数据融媒体平台是一个全流程的闭环，在各个环节，学生是主角，平台要充分汇聚优秀学生，全流程、全方位、立体化为思想政治工作服务，同时实现学生自身价值，如图 4 – 7 所示。

全流程闭环
精准分析
内容生产
实效传播
精准发声
及时检测、反馈

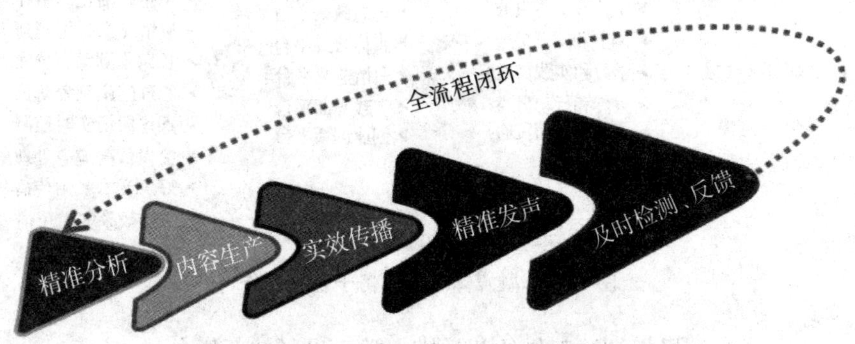

图 4 – 7　学生出彩的新舞台

（5）平台的新价值及高校思想政治工作的新篇章。

以平台为基础，让“习近平新时代中国特色社会主义思想”和十九大精神落地生根，传播思想、传承文化、传播正能量、弘扬主旋律，并形成长效机制，如图 4 – 8 所示。

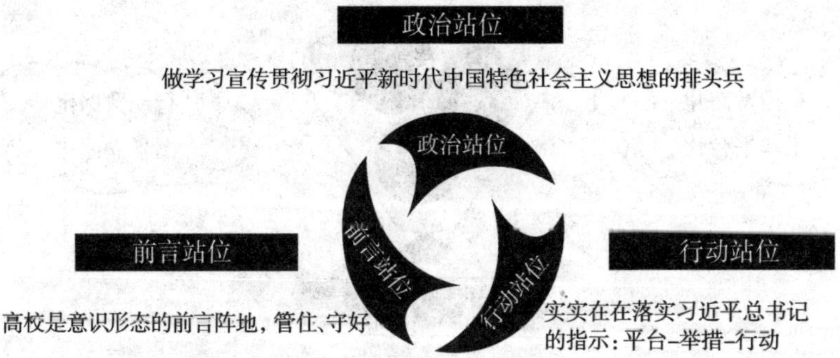

政治站位
做学习宣传贯彻习近平新时代中国特色社会主义思想的排头兵
政治站位
前言站位
行动站位
前言站位
高校是意识形态的前言阵地，管住、守好
行动站位
实实在在落实习近平总书记的指示：平台–举措–行动

图 4 – 8　平台的新价值：站位问题

当前，我国已进入高质量发展阶段，产业升级、社会转型、高质量发展，人才需求也同步升级，互联网、大数据、人工智能与思想政治一样，正成为各专业通识教育的核心模块，高校思想政治工作融媒体平台融合了通识教育新核心模块，它也是学生学习和实践新通识教育体系的舞台，如图 4 –9 所示。

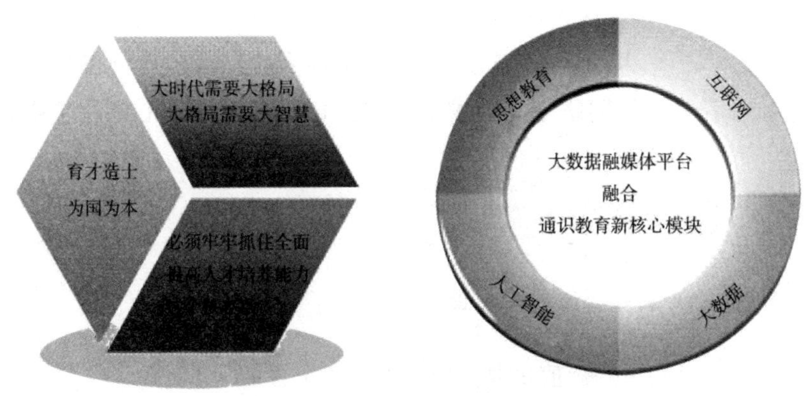

图 4 –9　平台的新价值：通识教育学习和实践

高校思想政治工作翻开了新篇章。首先，平台可以将高校思想政治工作平台化、体系化、网络化、数据化和智能化；其次，融合大数据、拥抱互联网、面向智能媒体、对接人工智能，培养学深悟透用好马克思主义与专业深度融合的新时代人才；最后，抓住新一轮科技革命和产业变革的重大机遇，围绕国家战略，服务行业，服务社会。

4.2.3　平台建设的主要目标

高校思想政治工作融媒体平台可以助力高校党委及党委宣传部，实时掌控情况、有效塑造态势、管控危机，牢牢抓住意识形态领导权、主导权和话语权，提升思想政治工作能力和水平。主要体现在以下 5 个方面。

（1）推动思想政治工作传统优势同信息技术高度融合，做活校园根据地、掌控互联网主战场。

（2）以大数据为驱动，以融媒体中心为基础、以构建新媒体矩阵和现代传播体系为依托贯通各个时空，服务于各项工作。

（3）调动专业团队、专业人才用专业手段为思想政治工作提供专业支撑。

（4）为学生出彩搭建舞台，激发学生活力，营造格调高雅的校园文化和风清气正的网络空间，贯通网下和网上，形成同心圆，传播正能量。

（5）将社会主义核心价值观贯穿于办学育人全过程。

4.2.4 平台建设的应用价值

平台建设的应用价值主要体现在以下 7 个方面。

（1）牢牢抓住“传统优势同信息技术高度融合”这一主线，纵向整合教育资源、横向整合社会资源，以平台为基础，为高校提供基础性、个性化增量服务。

（2）高校思想政治工作，校园是根据地、互联网是主战场，以大数据为基础，构建“实时监测、分析研判、预警防控和应急处理”发展体系、疏堵结合，同时“治贯通网上和网下，形成同心圆，传播正能量”。

（3）构建高校思想政治工作融媒体平台应用的智慧生态，学生是思想政治工作的主人公，而一切又尽在学校党委领导，夯实学校党委在意识形态领域的领导权、主导权和话语权，提升思想政治工作能力和水平。

（4）以高校思想政治工作融媒体平台为依托，围绕“总书记思想落地生根、十九大精神立体宣传、思想政治正确引导、校情民意分析研判、校园思潮动态预测、心理健康预警防控、舆论舆情实时监测、突发情况应急处理、师生好声音深触角传播、工作效果实时反馈”等方面，为高校思想政治工作提供数据分析，以便决策精准、工作精准、服务高效。

（5）围绕“高效的平台、实时的反应、精准的举措；活跃的群体、有序的组织、鲜活的事例；良好的氛围、灵活的学习、切实的行动”等方面做活校园根据地、掌控互联网主战场，实现高校思想政治工作质的飞跃。

（6）“人才培养体系涉及学科体系、教学体系、教材体系、管理体系等，而贯通其中的是思想政治工作体系”，高校思想政治工作融媒体平台同时是新闻宣传工作、学科建设、学生实践实训、创业创新、心理预警防控、媒体管理、舆情监测、突发事件处理等工作的支撑平台。

（7）我国已进入高质量发展阶段，产业升级、社会转型、高质量发展，人才需求也同步升级，互联网、大数据、人工智能与思想政治一样，正成为各专业通识教育的核心模块，高校思想政治工作融媒体平台融合了通识教育新核心模块，也是学生新的通识教育体系的学习、实践实训、创业创新的舞台。

参考文献

[1] 艾媒报告.2019Q 中国机新闻客户端市场监测报 [EB/OL].2019 [2019-10-12].

[2] 艾媒大文娱产业研究中心.2019 年中国移动社交行业研究报告 [R/OL].2019 [2019-10-16].

[3] 艾媒咨询.2019Q1 中国手机新闻客户端市场监测报告 [R/OL].2019 [2019-10-5].

[4] 艾媒咨询. 艾媒报告 | 2016 上半年中国手机新闻客户端市场研究报告 [R/OL].2016 [2019-10-4].

[5] 艾瑞咨询.2018 年中国互联网产业发展报告 [R]. 上海：上海艾瑞市场咨询股份有限公司，2018.

[6] 爱范儿.2018 年动漫总产值突破 1500 亿元，主要的利润来自 IP 衍生开发 [EB/OL].2019 [2019-10-23].

[7] 柏龙彪. 大数据时代高校思想政治教育创新发展机遇把握与障碍突破 [J]. 中华文化论坛，2016 (11).

[8] 鲍洪俊. 实施三三战略 强化内容生产 推进媒体融合——浙江日报报业集团推进媒体融合发展的创新尝试 [J]. 中国记者，2016 (6).

[9] 北京晨报.《朗读者》再战出版 综艺 IP 能否二次吸睛 [EB/O L].

2019［2019－10－23］．
［10］北京市新闻工作者协会．中国媒体融合发展报告（2016）：媒体融合发展的盈利模式分析［M］．北京：社会科学文献出版社，2017.
［11］CCIP. 2018 中国文化 IP 产业发展报告［EB/OL］. 2019［2019－10－23］．
［12］CTR. 2019 上半年中国广告市场报告［EB/OL］. 2019［2019－10－16］．
［13］CTR 媒介智讯．2018—2019 年中国广告市场回顾与展望［EB/OL］．2019－9－20.
［14］蔡雯，王学文．角度・视野・轨迹——试析有关“媒介融合”的研究［J］．国际新闻界，2009（11）．
［15］蔡雯．新闻传播的变化融合了什么——从美国新闻传播的变化谈起［J］．中国记者，2005（09）．
［16］苌光锤，刘剑虹．走出教育领域“顶层设计”的误区［J］．江苏高教，2019（8）．
［17］陈昌凤，杨依军．意识形态安全与党管媒体原则——中国媒体融合政策之形成与体系建构［J］．现代传播：中国传媒大学学报，2015，37（11）．
［18］陈国权．分化是传媒发展的趋势——“融合论”质疑［J］．新闻记者，2010（3）．
［19］陈国权．中国媒体“中央厨房”发展报告［J］．新闻记者，2018（1）．
［20］陈力丹．用互联网思维推进媒介融合［J］．当代传播，2014（6）．
［21］陈立思．当代世界的思想政治教育［M］．北京：中国人民大学出版社，1999.
［22］陈实．澎湃新闻 5 周年成绩单：下载量超过 150000000［EB/OL］．2019［2019－11－20］．

[23] 陈绚．论媒体融合的功能［J］．国际新闻界，2006（12）．
[24] 传媒内参广电头条．媒体融合又有大动作！四个国家重点实验室获批［EB/OL］．2019［2019－10－25］．
[25] 传媒一线．权威解读：推动媒体融合发展，需把握好这四大关系［EB/OL］．2019［2019－10－23］．
[26] 大连理工大学管理与经济学部．中国科研经费报告(2018)［R/OL］．2019［2019－10－5］．
[27] 东方网．上海10区成立融媒体中心并推出客户端 全市统一技术服务平台同步上线［EB/OL］．2019［2019－10－25］．
[28] 范晓．传统媒体新闻客户端已达231个9成用户只看1个新闻APP［J］．新闻记者，2016（3）．
[29] 方立明．打造传统媒体电商第一股——温州日报报业集团“温都猫”的探索与启示［J］．传媒，2018（1）．
[30] 高海珍，章淑贞．网上通讯社 创造新生态——专访新华社副社长慎海雄［J］．新闻与写作，2015（8）．
[31] 高红波．推进媒体深度融合：我国新型主流媒体建设的“顶层设计”［J］．声屏世界，2017（2）．
[32] 高晓虹．媒体融合新常态下传统媒体舆论引导面临的困境与出路［J］．社会科学，2015（9）．
[33] 郜书锴．场景理论：开启移动传播的新思维［J］．新闻界，2015（17）．
[34] 歌华有线．“北京云·融媒体”市级技术平台正式上线运营［EB/OL］．2019［2019－10－25］．
[35] 管洪．习近平新闻思想与中国媒体融合发展新格局［J］．中国记者，2018（7）．
[36] 广电独家．湖南卫视又有大动作！工作室制度2.0版发布［EB/OL］．

2019［2019－10－23］.
［37］广电实战．县级台如何从“新闻＋政务＋服务”入手，在夹缝中求突破？［EB/OL］.2019［2019－10－25］.
［38］广电业内.2019上半年媒体融合呈现四大亮点，“新闻＋政务＋服务”成建设共识［EB/OL］.2019［2019－10－25］.
［39］广电业内.2019上半年媒体融合四大新亮点［EB/OL］.2019［2019－10－25］.
［40］郭慧．主流媒体社区生活服务平台的构建［J］．编辑之友，2017（5）.
［41］郭乐天．媒体融合应建立符合主流价值观的评估体系［J］．新闻战线，2018（23）.
［42］郭全中．互联网时代，传统媒体内容如何视频化［J］．传媒，2019（8）.
［43］国家广电智库．“看苏州”新闻客户端运行机制的“关键三招”［EB/OL］.2019［2019－10－23］.
［44］国家广电智库．以机制创新探索城市广电融合发展新模式［EB/OL］.2019［2019－10－23］.
［45］国家网信办．数字中国建设发展报告（2018年）［R］．北京：国家互联网信息办公室，2018.
［46］郝建国．媒体融合的三重逻辑及其走向——以上海报业集团的组建实践为例［J］．理论探索，2014（6）.
［47］何临青．增强效果意识 讲好中国故事——谈如何提高中国主流媒体的国际传播力［J］．电视研究，2015（8）.
［48］和讯网．芒果超媒2019上半年净利增长超四成 芒果TV逆势上扬［EB/OL］.2019［2019－10－13］.
［49］贺大为．迈向全程、全息、全员、全效：现场云的媒体融合实践

［J］．中国记者，2019（2）．

［50］华小波，林婕．媒体融合与智慧政务互融共进的路径——互联网＋政务平台的瑞安实践［J］．新闻与写作，2016（1）．

［51］环球网．Trustdata2 月份移动互联网单：微信月活破 10 亿 排名第一［EB/OL］．2019［2019－10－20］．

［52］黄坤明．积极适应全媒体时代发展大势，加快推进媒体深度融合［EB/OL］．2019－2－25.

［53］极光大数据．2018 年移动互联网行业数据研究报告［R/OL］．2019［2019－10－11］．

［54］极光大数据．2019 年 Q2 移动互联网行业数据研究报告［EB/OL］．2019［2019－10－25］．

［55］姜飞，黄廓．论新时代中国特色社会主义核心价值观国际传播的新思路［J］．中州学刊，2018（1）．

［56］荆媛．网络环境下高校思想政治教育工作的机遇与挑战［J］．教育理论与实践，2010（36）．

［57］李尚旗．网络时代大学生政治社会化新探［J］．学校党建与思想教育，2014（20）．

［58］李宗建，程竹汝．新媒体时代舆论引导的挑战与对策［J］．上海行政学院学报，2016，17（5）．

［59］林如鹏，汤景泰．政治逻辑、技术逻辑与市场逻辑：论习近平的媒体融合发展思想［J］．新闻与传播研究，2016，23（11）．

［60］刘辉．大数据时代思想政治教育的微传播化［J］．思想理论教育，2014（6）．

［61］刘俊，胡智锋．媒介融合时代主流媒体如何提升舆论引导力［J］．人民论坛，2019（6）．

［62］刘奇葆．推进媒体深度融合 打造新型主流媒体［J］．青年记者，

2017（7）.

［63］刘颖悟，汪丽．媒介融合的概念界定与内涵解析［J］．传媒，2012（1）.

［64］陆小敏，陈杰，袁伟．关于智慧城市顶层设计的思考［J］．电子政务，2014（1）.

［65］罗重谱．顶层设计的宏观情境及其若干可能性［J］．改革，2011（9）.

［66］吕尚彬．媒体融合的进化：从在线化到智能化［J］．人民论坛：学术前沿，2018（24）.

［67］吕益．本地生活服务项目的新媒体传播策略研究［J］．今传媒，2018，26（6）.

［68］Mr QM. 中国移动互联网“银发经济”洞察报告［R/OL］.2018［2019-10-12］.

［69］QuestMobile. 中国移动互联网 2019 半年大报告［EB/OL］.2019［2019-10-18］.

［70］QuestMobile 研究院．微信公号人群洞察报告［R/OL］.2019［2019-10-4］.

［71］清华新闻网．《中国人工智能发展报告 2018》英文版发布会暨人工智能国际对话在清华大学举行［EB/OL］.2018［2019-10-22］.

［72］邱曙东．上海报业集团：借新媒体谋裂变［N］．中国新闻出版报，2014-7-29（5）.

［73］人民日报客户端．卢新宁：人民日报为什么要办“人民号”?［EB/OL］.2018［2019-10-22］.

［74］人民网．媒体融合蓝皮书：政务服务成为融媒新蓝海［EB/OL］.2019［2019-10-23］.

［75］人民网．推动媒体深度融合，做大做强主流舆论［EB/OL］.

2019 - 1 - 2.

[76] 人民网 - 传媒频道.《2019 中国传媒产业发展报告》发布[EB/OL].2019 [2019 - 10 - 25].

[77] 任陇婵. 广电治理制度创新的四维顶层设计及驱动 [J]. 南方电视学刊, 2015 (1).

[78] 深圳商报. 媒体行业数字化进程领先其他行业 [EB/OL]. 2018 [2019 - 10 - 23].

[79] 收视中国. 广电媒体入局短视频, 有戏吗? [EB/OL]. 2019 [2019 - 10 - 25].

[80] 司忠华. 网络思想政治教育"碎片化"灌输的缘由、内涵与策略 [J]. 思想教育研究, 2017 (8).

[81] 宋建武, 黄淼, 陈璐颖. 平台化: 主流媒体深度融合的基石 [J]. 新闻与写作, 2017 (10).

[82] 宋建武. 全面视频化: 5G 时代封面新闻媒体融合转型的新路径 [J]. 传媒, 2019 (8).

[83] 宋长乐. 专访《认知盈余》作者克莱·舍基: 不主动参与"分享", 你就会被炸的粉碎 [EB/OL]. 2014 [2019 - 10 - 20].

[84] 搜狐网. 第四范式, 机器之心, 亿欧人工智能在媒体和内容行业的应用 [R/OL]. 2019 [2019 - 10 - 15].

[85] 孙剑嵩. 估值超 10 亿的咪蒙被封: 通过公众号赚钱越来越难[N/OL]. 2019 [2019 - 10 - 5].

[86] 孙伟, 胡颖. 借助媒体融合增强大学生思想政治教育实效性的对策思考 [J]. 思想理论教育导刊, 2017 (11).

[87] 谭天, 汪婷. 接入、场景、资本: 社交媒体三大构成 [J]. 中国出版, 2018 (8).

[88] 谭天. 基于关系视角的媒介平台 [J]. 国际新闻界, 2011, 33

(9).

[89] 汤力峰，王学川. 自媒体环境下高校思想政治工作的创新 [J]. 中国青年研究，2012 (3).

[90] 唐钦. 当代主流媒体融合实践过程中的困境与出路研究 [D]. 广州：华南理工大学，2017.

[91] 唐瑞峰. 关停、裁员、分流：传统媒体正精简瘦身，轻装上阵 [EB/OL]. 2019 [2019-10-5].

[92] 唐绪军，黄楚新，王丹. 互联网+：中国新媒体发展的新契机 [J]. 新闻与写作，2016 (8).

[93] 腾讯. 腾讯全球数字生态大会 [EB/OL]. 2018 [2019-10-23].

[94] 腾讯传媒.《2019年中国传媒产业发展报告》在清华发布[EB/OL]. 2019 [2019-10-15].

[95] 腾讯企鹅智酷. 内容生长新原力：中国新媒体趋势报告 (2018) [R/OL]. 2018 [2019-10-12].

[96] 腾讯企鹅智酷. 2017年微信用户 & 生态研究报告 [R/OL]. 2017 [2019-10-4].

[97] 腾讯网. 公益手游《家国梦》上线，邀你共建美丽中国[EB/OL]. 2019 [2019-10-25].

[98] 王纲. 报业集团全媒体转型的路径选择 [J]. 传媒，2012 (2).

[99] 王关义，刘苏. 我国文化传媒企业股权结构与企业绩效关系的实证研究 [J]. 中国出版，2018 (9).

[100] 王建民，狄增如. "顶层设计"的内涵、逻辑与方法 [J]. 改革，2013 (8).

[101] 王茂亮. 用"TV+"重构广电媒体生态圈 [J]. 中国广播电视学刊，2015 (9).

[102] 王仁忠. "广电+电商"：乡村振兴战略与广电产业新发展[J].

中国广播电视学刊，2019（5）.
[103] 王茹月．融媒体视阈下新型主流媒体建设路径研究［D］．海口：海南大学，2018.
[104] 王喜涛，李永华．从媒介融合到媒体融合的认知演进及其概念辨析［J］．中国传媒科技，2017（4）.
[105] 王艳飞．国外思想政治教育对我国大学生思政教育的启示［J］．学理论，2016（4）.
[106] 夏陈安．浙江卫视中国蓝顶层设计的探索和实践［J］．中国广播电视学刊，2011（8）.
[107] 向安玲，沈阳，罗茜．媒体两微一端融合策略研究——基于国内110家主流媒体的调查分析［J］．现代传播：中国传媒大学学报，2016，38（4）.
[108] 新华网．“我与中国”全球短视频大赛颁奖典礼在京举行［EB/OL］．2019［2019-10-23］.
[109] 新华网．CTR发布媒体融合效果评估体系［EB/OL］．2019［2019-10-24］.
[110] 新浪财经．收官：天猫2018“双十一”成交总额定格在2135.5亿［EB/OL］．2018［2019-10-21］.
[111] 新闻战线2019．齐鲁晚报：以智媒矩阵驱动融合转型［EB/OL］．［2019-10-23］.
[112] 信息时报．媒体大脑技术引擎驱动融合创新［EB/OL］．2019［2019-10-25］.
[113] 邢弘昊．短视频与主流融媒体可视化表达［J］．新闻爱好者，2019（3）.
[114] 薛可．中国对外传播的几个关键点［J］．人民论坛，2017（23）.

[115] 严三九．媒体融合过程中传媒体制改革研究［J］．新闻记者，2016（12）．

[116] 央视网．全国高校思想政治工作会议［EB/OL］.2016.

[117] 叶婷，王超．国外德育实践对我国思政实践教学模式的启示[J]．求实，2010（S1）．

[118] 余洪．数字智能电视媒体与动漫产业融合发展路径探索［J］．当代电视，2018（6）．

[119] 余晓阳，张金海．传统媒体的数字化转型与新媒体的平台化发展——基于双边市场理论的经济学分析［J］．新闻界，2012（5）．

[120] 喻国明，赵睿．媒体可供性视角下“四全媒体”产业格局与增长空间［J］．学术界，2019（7）．

[121] 喻国明．平台型媒体或为未来媒体发展模式［J］．新闻论坛，2015（3）．

[122] 曾培伦，朱春阳．“如何来用”到“用来如何”：中央厨房的“载体化”实践改造面向［J］．新闻界，2018（8）．

[123] 曾祥敏，齐歌夷．媒体“平台化”建设路径与方略研究［J］．新闻与写作，2017（11）．

[124] 张立伟．媒介融合：犹如带橡皮的铅笔［J］．新闻记者，2010（8）．

[125] 张梅花．自媒体时代高校思政协同创新模式的构建［J］．中国成人教育，2014（12）．

[126] 张兴旺，李晨晖．“互联网＋图书馆”顶层设计相关问题研究［J］．图书与情报，2015（5）．

[127] 赵婀娜，张烁．思政工作 在高校牢牢扎根［N］．人民日报，2017－12－8（1）．

[128] 郑运旺．“互联网＋”背景下的高校“微思政”模式［J］．红

旗文稿，2017（3）.

[129] 中国产业信息网．中国养老行业市场现状、需面临问题及未来发展趋势分析［EB/OL］. 2019［2019－10－23］.

[130] 中国互联网信息中心．第43次中国互联网络发展状况统计报告［R］．北京：中国互联网信息中心，2019.

[131] 中国互联网信息中心．第44次中国互联网络发展状况统计报告［EB/OL］. 2019－9－11.

[132] 中国社会科学院．中国新媒体发展报告No.6［R］．北京：中国社会科学院，2015.

[133] 中国网. 2017年中国互联网舆情研究报告［EB/OL］. 2018［2019－10－23］.

[134] 中国新闻网．今日头条发布2018—2019年度资讯打假报告：拦截谣言超百万篇［EB/OL］. 2019［2019－10－11］.

[135] 中国政府网．国务院关于促进信息消费扩大内需的若干意见［EB/OL］. 2013［2019－10－15］.

[136] 中国政府网．国务院关于进一步扩大和升级信息消费持续释放内需潜力的指导意见［EB/OL］. 2017［2019－10－12］.

[137] 中国政府网．国务院关于推进文化创意和设计服务与相关产业融合发展的若干意见［EB/OL］. 2014［2019－10－15］.

[138] 中南舆情．海河传媒、津云一把手发声：过去一年，天津媒体融合都做了什么？［EB/OL］. 2019［2019－10－25］.

[139] 朱春阳．县级融媒体中心建设：经验坐标、发展机遇与路径创新［J］．新闻界，2018（9）.

[140] 朱剑飞，胡玮．唯改革创新者胜——再论媒体融合的发展瓶颈与路径依赖［J］．现代传播：中国传媒大学学报，2016，38（9）.

[141] 竹立家. 改革需要什么样的“顶层设计”[J]. 人民论坛，2011(3).

[142] 字节跳动算数中心.2018 抖音大数据报告[EB/OL].2019[2019-10-21].

[143] Babak Rahimi. Vahid Online: Post-2009 Iran and the Politics of Citizen Media Convergence [J]. Social Sciences, 2016, 5 (4).

[144] Cooke P, Porter J. Media Convergence and Co-evolution At Multiple Levels [J]. City, Culture and Society, 2011, 2 (2).

[145] Dey S. Convergence Policy and Regulation: A Free Speech Perspective [M] // Lugmayr A, Dal Zotto C. Media Convergence Handbook - Vol. 1. Media Business and Innovation. Heidelberg: Springer, 2016.

[146] Flew T. Convergent Media Policy : the Australian Case [J]. Convergence, 2013.

[147] García-Avilés, Kaltenbrunner, Meier. Media Convergence Revisited [J]. Journalism Practice, 2014, 8 (5).

[148] Iarla Flynn. The Convergence Review and Media Policy - The Missed Opportunities [J]. Telecommunications Journal of Australia, 2012, 62 (3).

[149] Lorena Tárcia, Simão Pedro P Marinho. Challenges and New Ways of Teaching Journalism in Times of Media Convergence [J]. Brazilian Journalism Research, 2011, 4 (2).

[150] Manuel Menke, Susanne Kinnebrock, Sonja Kretzschmar, Ingrid Aichberger, Marcel Broersma, Roman Hummel, Susanne Kirchhoff, Dimitri Prandner, Nelson Ribeiro, Ramón Salaverría. Convergence Culture in European Newsrooms [J]. Journalism Studies, 2018, 19 (6).

[151] Manzerolle, Vincent. Media Convergence: The Three Degrees of Network, Mass and Interpersonal Communication [J]. Information, Communication & Society, 2013, 16 (1).

[152] Murschetz. Connected Television: Media Convergence, Industry Structure, and Corporate Strategies [J]. Annals of the International Communication Association, 2015, 40 (1).

[153] Stephen J A Ward, Herman Wasserman. Towards an Open Ethics: Implications of New Media Platforms for Global Ethics Discourse [J]. Journal of Mass Media Ethics, 2010 (25).